대학생을 위한

창의적 문제해결력

전명남 · 조현철 · 이미순 · 박경희 · 정세영 · 정혜인

김경미 · 유계환 · 나지연 · 권창미 · 송창백 공저

Creative Problem Solving Skills

학지사

이 책은 대한사고개발학회 2023년 콜로퀴엄의 성과로 출간되었으며,
출간에 참여해 주신 분들께 감사드립니다.

머리말

대학생을 위한 창의성과 창의적 문제해결력이 왜 필요할까? 한 번도 겪어 보지 못한 미래와 급속히 변화하는 4차 산업혁명 시기에 가장 필요한 것은 '열려 있고' '기존의 틀을 깨고' '융통성 있게 사고하고 활동'하는 창의성과 창의적 문제해결력을 가진 인재이기 때문이다. 4차 산업혁명은 인공지능(AI), 빅 데이터, 사물인터넷(IoT), 클라우드 컴퓨팅 그리고 지능정보통신기술이 기존의 경제와 산업, 사회 전반에 융합되어 혁신적인 변화가 만들어지는 차세대 산업혁명을 말한다. 1 · 2 · 3차 산업혁명의 수많은 역사를 통해 사회는 변화하였고, 세계 곳곳에 세워진 공장에서 최대 물량의 생산품을 찍어 냈으며, 이에 사람들은 수동적으로 상품을 소비하였다. 하지만 현대로 오면서 사람들은 각자의 니즈를 알아주고 공감해 줄 수 있는 무언가를 원하게 되었고, 계속 더 창의력 있는 것을 찾게 되었다. 대학을 졸업한 후에 학생들이 이러한 세태에 적극적으로 대처할 수 있기 위해, 창의성과 창의적 문제해결력을 길러 다른 시각과 접근 방식을 가지고 더 큰 영향력을 미칠 수 있는 인재의 양성이 요구되는 것이다.

창의성을 활용해 문제를 풀어 나가는 창의적 문제해결력을 통해, 다른 시각과 접근 방식을 제공해 줄 수 있는 방법으로 '디자인싱킹' '창의적 문제해결(CPS)' '캡스톤 디자인' 등이 있다. 이 책에서는 '디자인싱킹' 'CPS' '캡스톤 디자인'을 쉽게 이해하면서 대학에서의 학습에 활용할 수 있도록 하였다. '디자인싱킹'은 '디자이너가 생각하는 방식으로 문제를 해결하는 방법'을 의미하며, 우리가 일상생활에서 느끼는 문제점이나 불편 사항을 발견하고 체계적인 프로세스를 거치면서 협업을 통해 창의적으로 문제를 해결할 수 있게 한다. 'CPS'는 창의적 문제해결 과정요소와 단계를 거쳐서 창의력을 발휘하도록 하는 창의성교육의 토대가 되는 방법이다. '캡스톤 디자인'은 팀 구성으로 협업을 통해 프로젝트를 수행하면서 서로의 아이디어를 공유하고 조합하여 창의적 아이디어를 도출하는데, 이 과정을 통해 혁신적인 제품이나 서비스를 개발하는 것으로 산업 장면에서 일어나는 다양한 문제해결 방법론을 배우게 된다. 이 책에 소개하는 것 외에도 다양한 활용 기법이 있고, 상황에 따라 적용하는 기법이 다를 수 있으며, 어느 하나의 과정에 국한된 활용 기법은 없다는 점에 유의하길 바란다.

이 책은 창의력 교육을 위한 교재나 부교재 또는 전문성 개발 코스에서 쉽게 활용할 수 있도록 하기 위해 총 6부로 구성했다. 각 부는 2~3부분으로 나누어서 교육용으로 활용하기를 추천한다. 또한 2부에서부터 6부까지 교재 내용과 활동이 같이 소개되어 있어서 창의적 문제해결력 교육 실제에 적용할 수 있는 가이드북으로 사용할 수 있도록 하였다.

이 책의 전반부에서는 창의성과 창의적 문제해결의 도구를 익히고 이를 활용할 수 있도록 소개하고 있으며, 후반부에서는 동기, 마인드셋, 회복탄력성, 그릿, 공감을 통해 창의적 문제해결 역량에 대해 다루고 있다. 누구나 청년기부터 장년기에 이르는 시기에 많은 역경과 좌절을 겪을 수 있으며, 이러한 과정에서 창의성을 발휘할 수 있는 사람이 될 수 있다. 거기에 이 책의 메시지들이 도움이 되도록 하였다. 영국의 수상을 지냈던 Churchill은 "성공했다고 끝이 아니고, 실패했다고 끝나는 것도 아니다. 중요한 것은 계속 앞으로 나아가는 용기이다(Success is not final, failure is not fatal; it is the courage to continue that counts)."라고 하였다. 창의적 문제해결력의 접근방식인 디자인싱킹, CPS, 캡스톤 디자인 등은 문제가 무엇인지도 모르고 문제에 대한 적절한 해결책을 모르는 상태에서도 융통성 있는 방식으로 계속 진행시킬 것을 말하고 있다. 장애와 실패, 그리고 고뇌의 시간이 비껴갈 수 없는 것이 인생이라면, 대학에 다니는 동안 공부한 이 책의 창의적 문제해결력이 청년의 인생에서 '히든 카드(hidden card)'로 사용될 수 있을 것이다. 이 책은 대학생의 창의성과 창의적 문제해결력을 기를 수 있도록 고민하였을 뿐만 아니라, 우리 주변에서 볼 수 있는 상황에서도 보다 나은 질적 변화에 대해 사람들과 함께 생각해서 풀어 나가는 것에 주안점을 두었다.

영국의 정신분석가였던 Winnicott은 사람이 창의성을 발휘하는 데는 삶을 살만한 가치가 있다고 느끼게 만드는 창조적 통각이 필요하다고 밝힌 바 있다. 또한 이러한 창의성을 성취하기 위해서는 태어나서 생후 최초 엄마와의 '충분히 좋은(good enough) 관계', 그리고 이후의 주위 중요한 타인들과의 '충분히 좋은 만남과 관계'를 맺는 것이 필요하다고 하였다. 불완전성으로 인해 실패하고 실수하는 인간들이지만, 충분히 좋은 관계만 제공해도 창의성 개발의 기반이 마련된다고 보는 것이다. 젊은 세대가 참된 자신과 타인과의 만남을 가지면서, 성숙된 개인, 가정, 사회가 되고, 진정성 있는 삶의 느낌을 가지게 된다면 이미 그 청년은 창의적인 사람이 되어 가고 있는 것이다.

이 책의 공저자들은 창의성과 창의적 문제해결의 실천 영역에서 불씨를 계속 지키고 키우기 위해 노력해 오신 분들이다. 조현철 교수님, 이미순 교수님, 박경희 교수님, 정세영 교수님, 정혜인 교수님, 김경미 교수님, 유계환 교수님, 나지연 교수님, 권창미 교수님, 송창백 교수님께 감사를 드린다. 이 책의 1부는 권창미 교수님과 송창백 교수님이, 2부는 나지연 교수님과 조현철 교수님이, 3부는 박경희 교수님과 이미순 교수님이, 4부는 본인인 전명남 교수가, 5부는 정혜인 교수님과 정세영 교수님이, 6부는 유계환 교수님과 김경미 교수님이 저술하였다. 이 외에도 이 책의 집필에는 대한사고개발학회 회원들의 역할도 컸다. 지면으로나마 감사를 드린다.

출간에 앞서 한국의 창의성과 창의적 문제해결 교육을 구현해 오신 김영채 교수님의 선각자적인 앞선 발걸음 하나하나에 감사드린다. 향후 청출어람하는 후학들이 김영채 교수님의 뒤를 이어 가기를 기대한다. 또한 콜로퀴엄을 기획하신 대한사고개발학회 조현철회장님, 양용칠 전회장님께 감사를 드린다. 책이 출간될 수 있도록 적극적으로 도움을 준 학지사 진형한 대리와 편집부 선생님들께도 감사의 말씀을 전한다.

2024년
삼성산 앞에서 대표저자 씀

차례

제 **6** 부
창의적 문제해결을 위한 역량

활동 차례

제 1 부

왜 창의성인가
창의성 수용과 인간의 잠재력 발휘

AI가 계속해서 우리의 세상을 재구성함에 따라 창의성을 나의 미래를 향해 나아가는 길잡이로 받아들이고, 창의성을 키우는 방법을 배우고, 창의성을 발휘하는 사람이 되자. AI 시대에 창의적인 사람이 되기 위해 무엇부터 실천할지 오늘부터 준비해 보자!

좋은 창의성교육은 스스로 새로운 문제를 발견할 줄 알고, 문제해결을 위한 다양한 접근 방법으로 문제를 해결할 수 있는 역량을 키워 주는 교육이다. 예측 불가능한 미래에 대처하기 위해 우리는 창의성으로 무장해야 한다.

오늘날 빠르게 발전하는 기술 환경에서 AI(인공지능)은 우리 삶의 필수적인 부분이 되고 있다. 자동화 시스템에서 기계 학습 알고리즘에 이르기까지 AI는 다양한 산업에 혁신을 일으켜 효율성, 정확성 및 생산성을 향상시켰다. 또한 AI는 이미 많은 분야에서 인간의 역할을 대체하고 있다. 그러나 자동화의 물결 속에서 AI가 복제할 수 없는 중요한 요소인 인간의 창의성이 남아 있다. 실제로 AI가 계속 진화함에 따라 창의성은 더욱 중요해지고 있다. 또한 가까운 미래에는 창의성이 인간에게 매우 중요한 역할을 할 것이며, 더불어 창의성교육에도 변화가 필요할 것이다.

01
AI 시대에서 창의성의 필요성

1. AI와 사회적 변화

인공지능(Artificial Intelligence: AI)은 인간의 지적능력을 컴퓨터로 구현하는 과학 기술이다. 상황을 인지하고 이성적·논리적으로 판단하고 행동하며, 감성적·창의적인 기능을 수행하는 능력까지 포괄한다. 2000년대에 들어 컴퓨팅 파워가 성장하고 우수한 알고리즘 등장, 스마트폰 보급과 네트워크 발전으로 데이터가 축적되면서 인공지능은 급속히 진보했다.

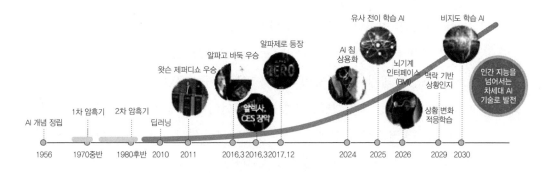

[그림 1-1] AI 기술의 성장

출처: 대한민국 정책브리핑(2021).

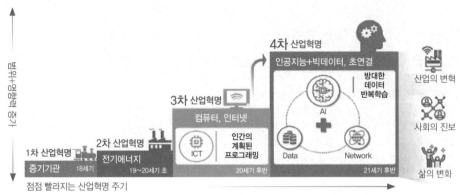

[그림 1-2] **산업혁명의 변화와 영향력 비교**

출처: 대한민국 정책브리핑(2021).

AI는 이제 단순한 신기술이 아닌 산업·사회 구조의 광범위한 변화를 불러오는 혁신 기술로 인간의 삶의 질과 4차 산업혁명을 이끌 핵심동력이 되고 있다.

2. AI 시대 창의성

AI 시대에 창의성(creativity)이 필요한 이유에 대해 살펴보기에 앞서 우리는 창의성의 개념적 이해에 대해 먼저 살펴볼 필요가 있다. 창의성이 무엇인가를 질문하는 것은 이미 수많은 학자와 연구자들이 여러 분야에서 저마다 창의성을 정의하고 실험해 온 역사에 비추어 본다면, 어쩌면 새삼스러울 것 없는 물음일 수 있을 것이다. 창의성이라는 개념은 발견되는 물질이 아니라 만들어지는 개념, 다시 말해 언어에 의해 정의(defined)되는 인위적 개념이기 때문이다. 언어에 의해 정의된다는 말은 그 언어가 시대적·사회적 문맥에 지배를 받듯, 창의성 개념 역시 시대적·사회적 문맥에 의해 재정의 또는 새롭게 정의되는 것임을 의미한다.

창의성이라는 용어가 등장하게 되는 것은 로마시대부터로, 창의성의 어원이 되는 'creare'는 무엇을 만들다(make), 생산하다(produce)라는 의미를 가지고 있다(Tatarkievicz, 1980/1990: 279-280). 이러한 'creare'가 정신적 가치를 지니고 이전에 없던 어떤 무엇을 만들어 내는 '독창성'의 의미를 지니게 된 것은 18세기의 유럽에 이르

러서부터이며, 당시 문화비평가들이 화가나 시인에 대해 창조자라는 말을 사용하게 되었다(경병직, 2011). 이러한 용어 사용이 19세기에 이르러 점차 확대되었고, 특히 프랑스 혁명으로 인한 개인주의 사상과 낭만주의 미학을 통해 예술가와 시인은 '창조자'와 동의어로 인식된다. 오늘날 심리학 연구의 중요한 한 축을 이루는 창의성이라는 개념이 '무엇인가를 새롭게 만드는 독창성'이라는 의미를 지니게 된 것은 이러한 19세기의 예술 영역으로부터 태동된 개념이었던 것이다. 이후 20세기를 지나면서 예술에 국한되어 특정한 의미로 인식되었던 창의성 개념은 점차 과학은 물론 교육 및 사회 등의 다른 분야로 확산되기에 이른다. 그 후 창의성에 대한 관심과 연구는 잠시 소강상태에 있었으나 1950년 Guilford에 의해 다시 촉발된 후 오늘날에 이르게 된다. 이처럼 창의성이라는 개념은 오랜 세월에 걸쳐 당대의 사회문화와 정신, 물적 토대를 바탕으로 정의된 용어인 것이다.

창의성을 구성하는 요소는 창의적 사고를 가능하게 하는 인지적 · 정의적 · 환경적 요인들을 말한다. 창의성의 구성요소에는 여러 가지가 있지만, Guilford(1967)가 제시한 민감성, 유창성, 융통성, 독창성, 정교성이 가장 널리 알려져 있다. 민감성은 주변 환경에서 오감을 통해 들어오는 다양한 정보에 대해 관심을 보이고 반응하는 특성이다. 유창성은 제한된 시간 내에 많은 아이디어를 빨리 생산해 내는 능력이다. 융통성은 고정된 사고 양식에서 벗어나 사물이나 상황을 여러 관점에서 조망할 수 있는 능력이다. 독창성은 일반적으로 찾아볼 수 없는 새롭고 독특한 생각이나 산물을 생산해 내는 능력이다. 정교성은 사고의 깊이에 대한 개념으로, 기존의 생각이나 산물을 분석하고 확장하여 보다 세밀하고 구체화시키는 능력이다. Torrance(1974)는 유창성, 유연성, 독창성, 세부화, 재구성으로 창의성의 구성요소를 제시하였다. 이러한 창의성의 구성요소들은 학문적 출처로서 다양한 연구와 이론에서 확인할 수 있다.

그렇다면 AI 시대에 창의성은 왜 필요할까? AI는 우리의 일상과 업무에 많은 도움을 주고 있지만, 그와 동시에 우리의 능력과 역할에도 큰 변화를 가져오고 있다. AI가 가질 수 없는 것은 무엇일까? 바로 창의성이다. 창의성은 새로운 아이디어나 해결책을 만들어 내는 능력으로, AI가 단순히 데이터나 알고리즘에 의존할 수 없는 영역이다. 창의성은 우리가 AI 시대에 살아가는 데 필수적인 능력이다. 왜냐하면 창의성은 우리가 새로운 가치를 창출하고, 문제를 해결하고, 변화에 적응하고, 협력하고, 배워 가는 데 도움을 주기 때문이다. 창의성은 타고난 것이 아니라 키울 수 있는 것이다.

우리는 다양한 경험과 지식을 습득하고, 다른 관점을 존중하고, 자신의 생각을 자유롭게 표현하고, 새로운 시도를 하고, 피드백을 받고, 개선하는 과정을 통해 창의성을 발전시킬 수 있다.

AI 시대에 창의성이 필요한 이유에 대해 많은 사람이 이야기하고 있다. AI는 인간의 지능을 모방하거나 초월하는 기술로, 다양한 분야에서 인간의 역할을 대체하거나 보완할 수 있다. 그러나 AI가 인간의 창의성을 완전히 대체할 수는 없다. 창의성은 새로운 아이디어나 해결책을 발견하거나 만들어 내는 능력으로, 인간만이 가진 특별한 재능이다. AI는 데이터나 알고리즘에 기반하여 학습하거나 판단할 수 있지만, 인간의 감성이나 상상력을 이해하거나 표현할 수는 없다. 따라서 창의성은 AI 시대에 더욱 중요한 역량이 된다. 창의성은 AI와 협력하거나 경쟁하는 데 필요한 능력이며, 새로운 가치를 창출하거나 사회적 문제를 해결하는 데 도움이 된다.

① 혁신과 문제해결의 촉발

AI 시스템은 방대한 양의 데이터를 처리하고 일상적인 작업을 수행하는 데 탁월하지만, 틀에서 벗어나 생각하거나 참신한 아이디어를 생성하는 능력이 부족한 경우가 많다. 반면에 창의성은 기존의 패턴에서 벗어나 새로운 가능성을 구상하고 미지의 영역을 탐색하는 인간의 능력이다. 창의성을 키우고 수용함으로써 우리는 복잡한 문제를 해결하고 혁신을 주도하며 AI 알고리즘의 기능을 뛰어넘는 획기적인 솔루션을 발견할 수 있는 잠재력을 발휘한다.

② 인간-기계 협업 촉진

AI를 경쟁자로 보기보다는 협력자로서의 가능성을 인식해야 한다. AI의 힘과 인간의 창의성을 결합함으로써 기술의 효율성과 인간 사고의 독창성을 모두 극대화하는 조화로운 파트너십을 만들 수 있다. 협업을 통해 인간은 AI의 계산 능력을 보완하는 맥락적 이해, 감성 지능 및 창의적인 통찰력을 제공할 수 있다. 인간과 기계 간의 이러한 협업은 의료, 교육, 예술과 같은 다양한 분야에서 혁신적인 발전으로 이어질 수 있다.

③ 감성 및 사회적 지능 육성

AI 시스템이 아무리 발전하더라도 인간 고유의 감성 및 사회적 지능을 완전히 구현하지는 못한다. 창의성은 우리의 감정 및 사회적 상호 작용과 깊이 얽혀 있어 다른 사람과 연결하고 자신을 표현하며 복잡한 인간 경험을 이해할 수 있게 해 준다. 기술이 점점 더 우리의 상호 작용에 스며드는 시대에 독창성을 키우는 것은 우리 고유의 인간적 자질, 공감 및 이해를 유지하는 데 필수적이다. 창의성을 강조함으로써 우리는 정서적 및 사회적 지능을 활용하여 사회적 문제를 해결하고 의미 있는 연결을 만들고 보다 자비로운 세상을 만들 수 있다.

④ 역동적인 환경에서의 적응성

AI 기술의 급속한 발전은 많은 전통적인 직업이 자동화되어 인간이 적응하고 새로운 기술을 습득해야 함을 의미한다. 창의성은 개인이 변화를 수용하고 비판적으로 생각하며 새로운 기회를 식별할 수 있도록 한다. 이를 통해 우리는 방향을 전환하고 스스로를 재창조하며 인간의 창의성과 혁신이 가장 중요한 신흥 분야를 탐색할 수 있다. 창의적인 사고 방식을 육성함으로써 개인은 적응력과 탄력성을 유지하고 자신의 열정에 맞는 새로운 길을 개척하고 AI의 힘을 위협이 아닌 도구로 활용할 수 있다.

⑤ 인류의 본질 지향

창의성은 인간의 본질에 깊숙이 내재되어 있다. 그것은 우리의 예술적 표현, 과학적 돌파구 및 문화적 발전의 원천이다. 창의성을 수용함으로써 우리는 인간의 경험, 상상력 및 독창성의 가치를 재확인한다. 점점 더 AI에 의해 형성되는 세상에서 우리를 인간으로 만드는 것이 무엇인지 인식하는 것이 중요하다. 창의성은 우리의 정체성을 보존하고 집단적 내러티브를 형성하며 기술의 경계를 초월하는 지속적인 영향을 미치는 수단이 된다.

◎ 인공지능 알파고와의 세기 대결, 이후 6년…… AI 어디까지 왔나

이세돌과 알파고 대국은 2016년 3월 9일부터 15일까지 진행된 바둑의 역사적인 대결이다. 알파고는 구글의 인공지능 연구소 딥마인드가 개발한 바둑 프로그램으로, 이세돌은 세계 최고의 바둑 선수 중 한 명이다. 이들은 총 다섯 번의 대국을 벌였으며, 알파고가 4승 1패로 승리했다. 이 대국은 인공지능의 발전과 인간의 창의력에 대한 논쟁을 불러일으켰으며, 전 세계적으로 관심을 끌었다. 이세돌과 알파고 대국은 바둑의 역사뿐만 아니라 인공지능과 인간의 관계에도 새로운 장을 열었다고 할 수 있다.

출처: 유튜브 채널 BADUK TV.

◎ 2017년 UN 유튜브 조회수 1위…… UN 무대에 선 AI 로봇 '소피아'

2017년 UN에서는 인공지능 로봇 '소피아'가 무대에 섰다. 이 로봇은 사람과 대화를 할 수 있으며, 언어를 이해하고 인식할 수 있다. 또한 얼굴 표정을 인식하고 표현할 수 있으며, 자신의 생각을 표현할 수도 있다. 이 로봇은 유튜브 조회수 1위를 차지하며, 많은 사람이 관심을 가지고 있다.

출처: AI타임스(https://www.aitimes.com).

◎ 안방극장에도 진출한 인공지능······ AI 소재 드라마 & 예능 '인기'

2020년 12월 음악채널 엠넷(Mnet)은 AI 음악 프로젝트 '다시 한번'을 방영해 그룹가수 거북이의 리더 터틀맨(故임성훈)을 AI 기술로 음성과 몸짓 하나하나를 복원, 12년 만에 거북이 완성체 무대를 선보여 박수를 받은 바 있다. 또 가객 김현식의 생전 자료를 딥러닝한 AI 홀로그램을 무대로 불러내 팬들을 울리기도 했다.

빅히트 엔터테인먼트도 지난 연말 콘서트에서 AI로 제작한 홀로그램을 통해 2014년 세상을 떠난 마왕 故신해철을 소환, BTS와 합동 무대를 펼쳤다. 아울러 지난달 SBS TV에서 방영된 신년특집 '세기의 대결! AI vs 인간'에서도 1996년 고인이 된 김광석의 목소리가 AI로 되살아나 김광진의 '편지'와 김범수의 '보고 싶다'를 불러 보는 이들의 가슴을 뭉클하게 했다. 이 같은 AI의 안방극장 진출은 세대를 불문하고 AI에 더욱 친숙하게 다가갈 수 있는 계기가 되고 있다는 평가다.

출처: AI타임스(https://www.aitimes.com).

◎ 생성형 AI 언어모델 GPT

2023년 3월 OpenAI가 개발한 거대언어모델 기반인 인공지능 언어모델로 GPT−3.5에 이어 GPT−4모델을 출시하였다. OpenAI의 '챗GPT'에 이어 마이크로소프트의 '빙(Bing)챗', 구글의 인공지능 챗봇 '바드(Bard)'가 이어 출시 되었다. 특히 바드가 한국어를 지원하면서 AI챗봇 모두 한국어에 능숙하며, 회사별로 챗봇의 성능과 한국어 답변에서 차이가 있다.

글로벌 생성형 AI 비교 분석

출처: 뉴스핌 기사(https://www.newspim.com).

빠르게 변하는 AI 시대, 창의성은 왜 필요한가

Creat Jang 코치

코로나19가 인공지능 시대를 앞당겼으며, 더욱 창의성이 중요한 시대가 되었다.

기술의 발달은 생활의 대부분을 자동화시켜 편리하게 만들어 주었다. 2016년 3월 알파고 대결에 의해 촉발된 AI 기술의 발전은 우리가 미처 생각지도 못한 서비스와 제품을 만들어 내어, 우리의 삶을 편리하게 해 줄 것이다. 요즘에는 AI가 음악도 만들고 뉴스나 에세이와 같이 글도 쓰는 등 예술가도 되고 있다.

그러나 인공지능 기술이 발달되더라도, 인간의 창의성을 쉽게 추월하지는 못하는 것 같다. 따라서 인공지능이 인간의 역할을 대신할수록 창의성을 더욱 필요로 할 것이며, 창의성에 대한 사회적 요구가 증가할 것이다.

특히 불확실성이 높은 요즈음은 창의성이 높은 사람이 유리하다. 이제는 창의적인 사람이 살기 좋은 세상이 된 것이다. 빠르게 변화하는 불확실성 시대를 살아가는 우리에게 생존을 위해서라도 창의성은 필요하다.

인간은 직면한 문제를 창의적으로 해결할 때 기쁨과 행복을 느낀다.

사람들은 누구나 행복을 원한다. 누구는 돈을 많이 벌고 싶어 하고, 누구는 공부를 잘하고 싶어 하며, 누구는 세계 여행을 꿈꾼다. 매일같이 반복되는 일상 속에서도 조금이라도 변화를 꾀하여 현재보다 나은 삶을 영위하고 싶은 것이다. 각자 꿈꾸는 것을 성취함으로써 좀 더 즐겁고 행복을 느끼고 싶은 것이다.

누구에게나 문제는 항상 생기게 마련이고 이러한 문제는 행복을 방해한다. 문제가 나타나면 사람들은 그때부터 고민하기 시작하고, 어떤 방식으로든 문제를 해결하려고 노력한다.

문제가 발생할 때마다 각자의 방식대로 나름대로의 기준을 적용하고 판단하여 해결하고자 하는데, 발생된 문제를 창의적으로 해결한다면 행복할 수 있는 것이다.

고기도 먹어 본 사람이 고기 맛을 알고, 노는 것도 놀아 본 사람이 제대로 놀 줄 알듯이, 목표를 달성하는 것도 마찬가지다. 작은 것이라도 성취해 본 경험이 있는 사람이 과거 성공경험에 의해 목표를 달성하여 기쁨을 맛볼 수 있는 것이다. 행복을 느끼는 것은 기쁨의 크기로 결정되는 것이 아니라, 기쁨의 빈도수로 결정된다. 빈번하게 기쁨을 많이 느낀다면 더 행복해질 수 있다.

출처: Creat Jang 코치 브런치(https://brunch.co.kr/@eyjang90/1).

02
AI 시대에 요구되는 인재

세계경제포럼(World Economic Forum: WEF)에서는 '교육을 위한 새로운 비전(New Vision for Education)'이라는 주제로 2015년에는 '새로운 교육의 비전: 기술의 잠재력 발현(New Vision for Education: Unlocking the Potential of Technology)', 2016년에는 '새로운 교육의 비전: 기술을 통한 사회 정서 학습 기술의 촉진(New Vision for Education: Fostering Social and Emotional Learning through Technology)'을 발표했다. 이 자료는 공통적으로 4차 산업혁명 시대의 교육의 방향과 이 시대를 이끌 인재의 핵심역량에 대해 언급하고 있으며, 21세기 인재의 핵심 역량으로 창의성과 창의적 문제해결능력을 꼽고 있다.

1. AI 시대에 갖추어야 할 역량

이렇듯 AI 시대에는 기술적인 지식과 능력뿐만 아니라 창의적이고 협력적인 역량을 갖춘 인재를 요구한다. Roberta M. Golnkoff와 Kathy Hirsh-Pasek(2018)는 『Becoming Brilliant』에서 아이들의 미래에 필요한 핵심역량(6C 역량)을 소개하였다. 이 책에서는 협력(Collabofation), 의사소통(Communication), 콘텐츠(Content), 비판적 사고(Critical Thinking), 창의적 혁신(Creative Innovation), 자신감(Confidence)을 핵심역량으로 꼽고 있다. 또한 AI 미래교육 칼럼에서 제시한 AI 시대 미래 인재가 갖추어야 할 '6C' 핵심역량은 개념적 지식(Conceptual Knowledge), 창의성(Creativity),

비판적 사고(Critical Thinking), 컴퓨팅 사고(Computational Thinking), 융합 역량 (Convergence), 인성(Character)이다. 공통적인 역량은 창의성, 융합성 그리고 협력성 이다. 협력성은 인성과 관련이 깊다. 종합해 볼 때, AI 시대의 인재는 다음과 같은 특 성과 핵심역량을 갖추어야 한다.

① 창의성: AI 시대에는 새로운 문제를 발견하고 해결하는 능력이 필요하다. 창의 성은 기존의 지식과 경험을 적극적으로 활용하고, 다양한 관점에서 사고하고, 새로운 아이디어를 제시하고 검증하는 능력이다. 창의성은 AI가 대체하기 어려 운 인간의 고유한 능력이다.

② 협력성: AI 시대에는 다른 사람과 함께 일하는 능력이 필요하다. 협력성은 다른 사람의 의견과 감정을 존중하고, 공동의 목표를 위해 소통하고, 역할과 책임을 분담하고, 갈등을 해결하는 능력이다. 협력성은 AI와 인간, 인간과 인간 사이의 상호작용을 원활하게 하는 능력이다.

③ 융합성: AI 시대에는 다양한 분야와 기술을 결합하는 능력이 필요하다. 융합성 은 자신의 전문분야뿐만 아니라 다른 분야의 지식과 기술을 이해하고, 상호 연 결하고, 적용하는 능력이다. 융합성은 AI가 발전하는 과정에서 새로운 가치와 혁신을 창출하는 능력이다.

AI 시대의 인재는 창의성, 협력성, 융합성과 같은 특성과 역량을 갖추어야 한다. 이 러한 특성과 역량은 AI가 대체하기 어려운 인간의 장점이자, AI와 함께 성장하고 발 전할 수 있는 인간의 조건이 된다.

읽을거리 1

학교에서 길러야 하는 미래 인재의 역량 '6C'는 무엇인가

첫째, 6C의 중심을 차지하고 있는 **개념적 지식** (Conceptual Knowledge)은 교과의 핵심적 내용을 의미한다. 특히 학습 결과의 전이(Transfer), 즉 단순한 정보에 그치는 것이 아닌 다른 범주와 상황에 적용할 수 있는 가치가 높은 지식을 의미한다. 쉽게 예를 들어 보자. 나라의 수도를 외우는 것이 단순한 정보 암기이긴 하다. 수도의 역사적·사회적 의미와 가치를 이해하는 것이 더 가치가 크다. 하지만 수도를 아는

것(외우는 것)은 역사적·사회적 의미 등 다른 범주와 상황에 적용할 가치가 높아 개념적 지식, 교과의 핵심 내용이라고 할 수 있다. 창의적 학습을 위해서는 교과의 핵심적 개념을 이해하는 것이 반드시 필요하다.

둘째, **창의성**(Creativity)은 새로운 생각이나 개념을 찾아내거나 기존에 있던 생각이나 개념을 새롭게 조합하여 문제를 해결하는 역량을 의미한다. 개인 수준의 문제해결을 넘어 사회적 수준의 창의성은 새롭게 문제를 인식하고 해결 과정을 찾아가면서 사회적 수준의 보람을 만들어 가는 것이다.

셋째, **비판적 사고**(Critical Thinking)는 어떤 상황이나 내용에 대해 판단할 때 편향되지 않는 분석을 하거나 사실적 증거에 기반하여 평가하는 역량이다. 정보를 얻을 수 있는 형태와 매체가 더욱 다양해지는 미래 사회에서 무엇보다 중요한 역량으로 논의되고 있다.

넷째, **컴퓨팅 사고**(Computational Thinking)는 문제 상황에서 효과적인 해결을 위해 문제를 정의하고 그에 대한 답을 기술하는 것이 포함된 사고 과정 일체를 일컫는다. 다양한 문제 상황에서 문제의 분석, 자료 표현, 일반화, 모형화, 알고리즘화 등이 가능한 역량을 의미하며, 최근 데이터 리터러시, 디지털 리터러시 등으로 표현되고 있다.

다섯째, **융합 역량**(Convergence)은 문제의 해결을 위해 내용과 방법 측면에서 여러 학문과 실제 영역의 지식과 정보를 통합적으로 적용할 수 있는 역량을 의미한다. 내용적 측면에서는 학문과 학문 간 융합, 새로운 학문의 창출, 학문과 실제 생활과의 융합이 이루어질 수 있으며, 방법적 측면에서는 인공지능, 가상현실 등을 활용한 혁신적 융합이 가능하다.

여섯째, **인성**(Character)은 동양에서는 인간 본연의 성질을 의미하며, 서양에서는 좀 더 구체적으로 사회정서역량과 같은 비인지적 역량을 의미한다. 사회정서역량은 자기인식, 자기관리, 사회적 인식, 관계 기술, 책임 있는 의사결정으로 구성되며 글로벌 문제와 공동체 의식이 강조되는 미래 사회에서 더욱 중요시될 핵심 역량이라 할 수 있다.

출처: 교육부, 엄마아빠를 위한 교육 이야기: 교육 칼럼 시리즈(https://naver.me/56IcjqWm).

2. 창의적인 사람의 특징

먹을 수 있을까?

왜 떨어질까?

　창의적인 사람은 어떤 특징이 있을까? 앞에서 살펴본 창의성을 대표하는 구성요소와 AI시대 미래 인재가 갖추어야 할 역량을 토대로 창의적인 사람의 특징은 다음과 같이 정리할 수 있다.

　첫째, 새로운 아이디어나 해결책을 찾기 위해 다양한 관점에서 문제를 바라보고 유연하고 독창적인 사고를 할 수 있다.

　둘째, 호기심이 많고, 배우고자 하는 욕구가 강하며, 새로운 지식이나 경험에 열린 마음을 가지고 있다.

　셋째, 자신의 관심사나 재능에 따라 독립적이고 자기주도적인 학습을 할 수 있다.

　넷째, 실패에 대해 두려워하지 않고, 도전적이고 모험적인 태도를 가지고 있다.

　다섯째, 자신의 생각이나 표현을 타인에게 잘 전달하고 협력하고자 하는 의사가 강한 특징이 있다.

활동 1-1	**나는 창의적인 사람인가**

창의적 성격검사를 통하여 자신의 창의성 정도를 확인해 보자.
(1점: 전혀 아니다, 2점: 아니다, 3점: 보통이다, 4점: 그렇다, 5점: 매우 그렇다)

번호	문항 내용	전혀 아니다 ∼ 매우 그렇다				
1	나는 한 가지 일을 여러 가지 각도에서 생각해 보고 실행한다.	1	2	3	4	5
2	TV토론 프로그램을 볼 때, 그와 관련된 여러 가지 생각이 떠오른다.	1	2	3	4	5
3	일상생활에서 흔히 볼 수 있는 것들을 사용해 특별한 것을 만든다.	1	2	3	4	5
4	처음 보는 새로운 기능과 디자인의 제품을 보면 사고 싶어진다.	1	2	3	4	5
5	내가 좋아하는 일은 시간 가는 줄 모르고 한다.	1	2	3	4	5
6	나는 남에게 얽매이는 것을 싫어한다.	1	2	3	4	5
7	나는 가까운 주변 사람들에게 즐거움을 줄 때가 있다.	1	2	3	4	5
8	언젠가는 내가 하고 싶은 일을 할 수 있을 것이다.	1	2	3	4	5
9	해결하기 어려운 일에 닥쳤을 때, 여러 가지 대안을 생각해 본다.	1	2	3	4	5
10	사소한 것이라도 나만의 방법으로 참신하게 변화시킨다.	1	2	3	4	5
11	나는 남들이 당연하다고 생각하는 것에 의문을 갖는다.	1	2	3	4	5
12	나는 간섭이나 구속받는 것을 싫어한다.	1	2	3	4	5
13	다른 사람들이 나에 대해 알게 되는 것이 싫다. (R)	1	2	3	4	5
14	친구들은 나에게 도움을 청할 때가 있다.	1	2	3	4	5
15	나 자신의 잠재력에 대한 믿음이 강한 편이다.	1	2	3	4	5
16	나는 하나의 지식을 얻으면 응용하여 다른 데 적용해 보고는 한다.	1	2	3	4	5
17	나는 똑같은 재료를 가지고도 여러 가지 다양한 형식으로 표현하려고 노력한다.	1	2	3	4	5
18	나는 전혀 어울릴 것 같지 않은 것들을 결합해 뭔가를 만들곤 한다.	1	2	3	4	5
19	직접 무언가 일상 생활에 도움이 되는 것들을 만들어 보는 걸 좋아한다.	1	2	3	4	5
20	흥미 있는 일은 다른 일을 제쳐 두고라도 꼭 해내고야 만다.	1	2	3	4	5
21	나는 자유롭게 여행을 하거나 혼자만의 시간을 갖는 것이 두렵다.(R)	1	2	3	4	5
22	나는 여러 가지 다양한 경험을 해 보려고 노력한다.	1	2	3	4	5
23	나로 인해 다른 사람들이 행복하게 되는 것을 삶의 큰 기쁨으로 여긴다.	1	2	3	4	5
24	나는 틀에 얽매이지 않고 자유롭게 사고한다.	1	2	3	4	5
25	나는 살면서 새로운 시도를 많이 한다.	1	2	3	4	5
26	나는 남들과 똑같은 방식과 행동을 싫어한다.	1	2	3	4	5

27	나와 다른 생각과 가치관을 가진 사람들과는 잘 어울리지 못한다. (R)	1	2	3	4	5
28	나는 이 세상에서 꼭 필요한 사람이라고 생각한다.	1	2	3	4	5
29	나는 매사를 긍정적으로 생각하고 받아들이려고 노력한다.	1	2	3	4	5
30	나는 사물을 본래의 용도와 다르게 사용할 수 있는 방법을 찾아보곤 한다.	1	2	3	4	5
31	나는 하나의 사건이나 사물을 보고 여러 가지 상상을 한다.	1	2	3	4	5
32	나는 남들이 생각해 내지 못하는 기발하고 특이한 발상을 할 때가 있다.	1	2	3	4	5
33	내가 좋아하는 행사나 모임이 있으면 적극적으로 참여한다.	1	2	3	4	5
34	나는 자유로운 분위기를 좋아한다.	1	2	3	4	5
35	더 나은 생각과 아이디어라면 내 생각과 다르더라도 받아들인다.	1	2	3	4	5
36	여러 사람이 함께 하는 일이 있을 때, 사람들과 어울리고 협조하려고 노력한다.	1	2	3	4	5

R 표시된 문항은 역채점 문항(13, 21, 27)

요인	해당문항	점수
독창적 유연성	3, 16,17, 18, 19, 30, 31, 32	
대안적 해결력	1, 2, 9, 10, 11	
모험적 자유 추구	21(R), 22, 24, 25, 34	
이타적 자아확신	7, 8, 15, 23, 28, 29	
관계적 개방성	13(R), 14, 27(R), 33, 35, 36	
개성적 독립성	6, 12, 26	
탐구적 몰입	4, 5, 20	

활동 1-2　**무엇이 창의적인가**

아래의 각 분야별 인공지능(AI) 활용사례를 살펴보고, 인간의 창의성이 발휘되었던 부분이 무엇이 찾아보자.

복지
어르신의 말동무이자 보호자, 김포시 챗봇 '다솜이'
어르신이 30분 이상 말이 없으면 먼저 말을 걸고 5시간 이상 움직임이 없을 시 보호자·생활관리사 자동 연결

교육
학생과 영어로 대화하는 서울 교육청 영어 보조교사 인공지능(AI)
기술을 활용한 '인공지능(AI) 영어 교사'가 영어 회화, 퀴즈 출제 등 영어 교사 수업 보조(학생별 말하기 체크)

제조
세계경제포럼(WEF)이 국내 최초 '등대공장'으로 선정한 포스코 제2열연공장
공장 내 수십 개 센서를 통해 제조 환경 데이터를 수집·분석, 인공지능(AI)이 최적의 환경을 유지해 에너지 투입량 2% 감소, 연간 10억 원 절감

농업
작물에 따라 환경제어가 가능한 '플랜티 큐브'
지능화 기술을 활용해 농장 규모와 작물 수요에 따라 환경을 제어해 고품질 작물을 연 최대 13회까지 수확할 수 있는 컨테이너 농장

치안
불법촬영 피해 여성들의 눈물을 닦아 주는 인공지능(AI)
인공지능(AI)이 온라인 상에 유포된 불법촬영물을 신속히 찾아 삭제 지원('19년 7월, 과학기술정보통신부·여성가족부 공동 개발)

각 분야 인공지능(AI) 활용사례

출처: 인공지능 국가전략/2019.12. 관계부처 합동.

03
AI 시대 인재를 위한 창의성교육과 방향

미래의 교육은 다양한 경험을 하게 하고 다르게 생각할 줄 아는 능력을 키우는 창의성교육이 중요하다.

1. 창의성교육의 조건

창의성교육은 학생들의 창의적 사고와 창의력을 계발하고 촉진하기 위한 교육 방법이다. 이 교육은 학생들이 독창적인 아이디어를 생각하고 문제를 해결하며, 새로운 아이디어를 발전시키고 혁신적인 방법으로 표현할 수 있도록 돕는 것을 목표로 한다. 창의성교육은 일반적인 지식과 학습에 대한 중요성을 강조하는 전통적인 교육과는 다르게 학생들이 새로운 관점을 발견하고 통찰력을 키울 수 있는 환경을 제공한다. 창의성교육을 위한 조건은 다음과 같다.

① 유연하고 자유로운 교육 환경 조성: 학생들에게 실험과 탐구를 위한 자유로운 시간과 공간을 제공한다. 다양한 학습 방법과 자료를 활용하여 학생들의 창의적인 학습을 지원한다. 교육과정에 유연성을 부여하여 학생들의 흥미와 능력을 고려한 개별화된 학습 경로를 제공한다.
② 문제중심학습과 프로젝트 기반 학습: 학생들에게 실제적이고 의미 있는 문제를 제시하여 창의적인 해결책을 모색하도록 유도한다. 학생들이 프로젝트를 진행하면

서 문제를 해결하고 결과물을 개발 또는 제작하며 창의성을 발휘할 수 있도록 지원한다.

③ 다양한 관점과 경험 제공: 학생들에게 다양한 분야와 문화를 체험하고 이해할 수 있는 기회를 제공한다. 예술, 과학, 기술, 사회 등 다양한 영역의 활동을 통해 학생들의 창의적 사고와 통찰력을 촉진한다.

④ 협력과 팀워크 강화: 학생들에게 협력과 팀워크를 위한 기회를 제공하여 창의적인 아이디어를 공유하고 발전시킬 수 있도록 돕는다. 그룹 프로젝트나 토론 등을 통해 학생들이 서로의 아이디어에 도전하고 함께 협력하여 문제를 해결하는 경험을 쌓을 수 있도록 지원한다.

⑤ 교사의 역할 강화: 교사들에게 창의성교육에 필요한 지식과 기술을 제공하는 교육을 실시한다. 교사들은 학생들의 창의성을 발휘할 수 있도록 독려하고 지원하는 역할을 수행한다. 교사들끼리의 협력과 공유를 통해 창의성교육에 대한 전문성을 함께 개발하고 나눔의 문화를 구축한다.

⑥ 평가 방법의 다양화: 창의성교육에서는 평가 방법을 다양화하여 학생들의 창의적인 능력을 정확하게 평가할 수 있도록 한다. 프로젝트 결과물, 창의적인 작품물, 문제해결 과정 등을 평가 요소로 포함하여 정확한 평가를 실시한다.

⑦ 사회적인 인식과 지원 강화: 학교, 학부모, 지역사회 등의 이해와 참여를 도모하여 창의성교육의 중요성을 인식시킨다. 정부 및 교육 기관은 창의성교육을 지원하기 위한 정책과 자원을 제공한다.

이러한 조건들이 충족되면 학생들은 창의성교육을 통해 창의적인 사고와 표현을 배우고 발전시킬 수 있다. 창의성교육은 4차 산업혁명의 핵심 분야인 AI 시대에 필요한 인재를 양성하는 데 매우 중요한 역할을 한다.

2. AI 시대의 창의성교육을 위한 실제적인 방법

불확실하고 급변하는 시대에서 학생들에게 어떤 교육을 해야 할까? 이럴 때일수록 기존의 것을 넘어 새롭고 유용한 지식이나 서비스를 창출하고, 이것을 중심으로 가치

화할 수 있는 힘이 바로 창의성이다.

　창의성은 머리로만 이해하는 것이 아닌 사람과의 관계 속 협력과 실천에서 나오기 때문에 실제적인 방법이 중요하다. 이동원(2000)은 창의성교육의 실천적 접근을 강조하여 여러 가지 방법을 제안하였다. 이 책에서는 창의성교육을 위한 실제적 방법을 다음과 같이 제안한다.

〈표 1-1〉 **창의성교육 방법**

분류	내용
개념적 훈련	– 창의성의 요소에 대해 체계적 정리 – 창의성에 대한 개념에 대한 실체적인 파악 – 도구로서 창의성 이해
사고기법적 훈련	– 사고기법 도구를 통한 창의적 사고능력 향상 훈련 – 상황별, 목적별 창의적 사고기법 선택 – 사고기법을 적재적소에서 활용할 수 있도록 적용 – 사고기법 도구 　: 브레인스토밍, 하이라이팅, SCAMPER, 육색모자, PMI, 결과추론, 목적/원인 도출 등
창의적 훈련	– 지식에서 창의적인 결과물까지 도출 – 실제 현장과 실제적 환경 제공 – 통합적 문제해결 과정 – 창의적 훈련 프로그램 적용 　: 캡스톤 디자인, 창의적 문제해결(CPS), 디자인싱킹, 미래문제해결 프로그램(FPSP) 등 – 다양한 교수학습 방법 　: 프로젝트 기반 학습, 탐구기반 학습

출처: 한국창의교육연구소: [진단과 대안] 4차산업혁명시대와 창의교육의 실제적 방법 제안 수정.

　이어지는 장에서는 앞에서 언급한 창의성교육의 실제적인 방법들에 대해 구체적으로 살펴보고 활동하는 내용을 다룬다.

읽을거리 1

인공지능 시대의 도래와 교육적 대응은 무엇인가

OECD는 인공지능 정책을 추진할 때의 5가지 원칙을 제시하였다. 첫째, 인공지능은 포용적 성장, 지속 가능한 개발 및 복지를 추진함으로써 사람들과 지구에 이익을 가져다주어야 한다. 둘째, 인공지능 시스템은 법, 인권, 민주적 가치, 다양성을 존중하는 방식으로 설계되어야 하며 정의롭고 공정한 사회를 위한 안전장치를 포함해야 한다. 셋째, 사람들이 인공지능 알고리즘에 기반 및 도출된 결과를 이해하

고 그 결과에 도전할 수 있도록 인공지능 시스템에 대해 투명하고 책임감 있게 공개해야 한다. 넷째, 인공지능 시스템은 수명 주기 내내 강력하고 안전한 방식으로 기능해야 하며 잠재적 위험성을 꾸준하게 평가하고 관리해야 한다. 다섯째, 인공지능 시스템을 개발, 구축, 운영하는 기관과 개인은 위의 원칙에 따라 적절히 기능하도록 책임을 져야 한다. 이러한 원칙은 교육 분야에서 인공지능 기술을 활용할 때에서 반드시 적용되어야 할 내용이라고 할 수 있다.

그리고 2020년 세계경제포럼은 4차 산업혁명 시대를 위한 새로운 교육 모델을 정의하는 미래 교육 비전을 발표하였는데, 여기에서는 교육 혁신을 주도하기 위한 다섯 가지 접근법을 제시하였다. 첫째, 학습의 과정에서의 재미있는 접근법(Playful)이다. 학습의 과정에서 학생들이 적극적 사고, 사회적 교류를 통해 의미 있는 학습을 할 수 있도록 즐거운 경험을 제공해야 한다는 것이다. 둘째, 경험적인 접근법(Experiential)이다. 학습의 과정에서 학생들이 실생활에 응용할 수 있는 콘텐츠(프로젝트 기반, 연구 기반 학습)를 제공해야 한다는 것이다. 셋째, 컴퓨터를 사용한 접근법(Computational)이다. 학습의 과정에서 학생들이 디지털 기기를 활용하여 문제를 활용해야 하고, 컴퓨터적 사고의 과정을 이해하고 문제를 해결해야 한다는 것이다. 넷째, 체화된 접근법(Embodied)이다. 학습의 과정에서 학생은 행동적 경험을 통해 문제를 해결하는 과정에서 지식을 체화시켜야 한다는 것이다. 다섯째, 다문화적 접근법(Multiliteracies)이다. 학생들이 다양한 언어가 사용되고 공유되는 과정을 통해 다문화를 이해하고 융합해야 한다는 것이다. 우리나라는 현재 2022 개정 교육과정을 준비하는 과정인데 이러한 접근법이 적용될 필요가 있을 것이다.

출처: 교육부, 미래를 위한 교육 이야기: 교육 칼럼(https://naver.me/5IF7EoYg).

제 **2** 부

창의적
문제해결의 도구

창의성은 일상적인 것들 사이에서 새로운 관계를 찾는 능력이다.

- Mihaly Csikszentmihalyi

•••

창의성 도구를 통해 창의성 계발이 가능하다. 창의성 도구는 크고 작은 사적·공적 문제들을 해결하거나 창의적인 태도를 갖기 위해 사용하는 일종의 창의성 훈련 도구이다(전경원, 2006). 대학생들은 일상에서 크고 작은 문제들을 마주하게 된다. 이런 문제들을 새로운 방법으로 창의적으로 해결할 수 있도록 도움을 줄 수 있는 대표적인 몇 가지 방법들을 소개한다. 여러 방법을 익히고 상황에 따라 적절한 방법을 선택하여 적용해 보고 창의적으로 문제를 해결하기를 기대해 본다.

04
강제연결법

1. 개념

강제연결법은 창의성 분야의 다양한 학자와 전문가들에 의해 탐구되고 발전된 개념이다. Guilford(1967)는 문제에 대한 여러 해결책을 도출하는 확산적 사고(divergent thinking)의 개념을 도입하면서, 연상적 사고와 창의성 향상을 위해 무작위 자극을 통합하는 중요성에 대해 논의했다. de Bono(1970)는 측면 사고(lateral thinking)의 개념을 대중화시키면서, 무작위 단어 기법을 포함한 다양한 기법들을 소개하며 새로운 아이디어와 연상을 유발하는 수단으로 사용하는 것을 제안했다. 강제연결법은 상관없는 개념들이나 아이디어들을 결합하여 새로운 아이디어를 창출할 수 있다는 전제에 기반을 두고 있다. 그 방법으로, 먼저 상관없어 보이는 두 개의 임의의 대상, 개념 또는 아이디어를 선택한다. 그런 다음 그들 사이의 연결점을 찾아내고 그 연결을 활용하여 새로운 아이디어나 통찰을 도출한다. 예를 들어, 자동차의 개념과 나무의 개념을 결합한다면, 환경 친화적인 에너지로 작동하는 나무를 모티브로 한 자동차 디자인을 고안할 수 있다. 다음의 그림은 욕조의 디자인을 위한 강제연결법 적용의 사례를 제시하고 있다.

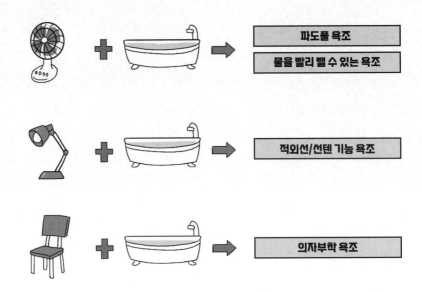

파도풀 욕조
물을 빨리 뺄 수 있는 욕조

적외선/선텐 기능 욕조

의자부착 욕조

2. 적용 원리

강제연결 전략의 활용 시 유념하여 적용해야 할 기본 원칙은 다음과 같다.

① 지원적이고 개방적인 환경 조성하기: 학생들이 자신의 아이디어를 표현하고 도전하는 데에 편안함을 느낄 수 있는 분위기를 조성한다. 비전형적인 연결을 받아들이고, 관습을 벗어나는 것을 장려한다.

② 예시와 설명 제공하기: 강제연결 개념을 소개하고, 그 개념에 맞는 명확한 예시를 제시한다. 관련이 없어 보이는 아이디어들이 조합되어 혁신적인 해결책을 도출한 사례를 제시한다.

③ 다양한 사고 확장하기: 다양한 아이디어와 가능성을 생성할 것을 장려하면서, 관련이 없거나 관행적이지 않은 아이디어들을 제안하도록 유도한다.

④ 영역 간 상호 연결성 장려하기: 다양한 분야의 개념과 아이디어를 탐색하도록 장려한다. 이러한 영역과 시각들 사이의 교차 이해는 독특한 연결을 만들고 창의성을 유발할 수 있다. 다양한 주제에 대해 탐구하고 관련 없어 보이는 주제들 간의 연결을 도출하도록 유도한다.

⑤ 협력과 다양성 육성하기: 그룹 토론에 참여할 수 있는 기회를 통해, 학생들이 자

신의 아이디어, 시각, 연결점을 다른 사람들과 공유하도록 장려한다.

⑥ 반복과 개선 강조하기: 창의성은 반복과 개선 과정을 포함하는 것을 이해하도록 한다. 다양한 개념과 아이디어의 조합을 실험한 후, 이에 대한 피드백을 제공한다. 실패와 반복이 창의적 과정의 필수 요소라는 점을 알려 준다.

⑦ 반성적 사고 유도하기: 자신의 창의적 과정과 만들어진 연결에 대해 반성하도록 장려한다. 강제연결 과제에서의 사고 과정과 얻은 통찰력에 대해 설명하도록 한다. 이러한 반성적 사고를 통해 자신의 창의적 사고 전략을 깊이 있게 이해하고, 미래 상황에서 이를 적용하는 능력을 향상시킬 수 있다.

⑧ 피드백과 평가 통합하기: 제시된 프로젝트와 아이디어에 대해 건설적인 피드백을 제공한다. 의미 있는 연결, 창의적 사고 능력, 강제연결 전략의 효과적인 적용력 등을 평가해 본다. 이를 통해 각자의 기술을 개선하고, 지속적인 발전을 장려받게 된다.

3. 활동의 전개

대학생들에게 강제연결을 사용하는 방법을 가르치고 창의적인 아이디어를 장려하기 위한 몇 가지 활동 아이디어와 그 전개방식을 단계별로 소개하면 다음과 같다.

1) 단어 연결

(1) 단계별 활동

단계 1: 무작위 단어를 제공하거나 선택하도록 지시한다.

단계 2: 제시된 단어와 해당 문제, 개념 또는 주제 사이의 가능한 연결을 최대한 많이 생각해 보도록 안내한다.

단계 3: 상식에 얽매이지 않고, 문자 그대로의 의미 혹은 은유적인 의미에서 연결을 탐구하도록 장려한다.

단계 4: 자신의 연결에 대해 생각해 볼 시간을 주고, 아이디어를 수업에서 공유할 수 있도록 한다.

(2) 활동의 예시

활동 2-1	강제연결법: 물병과 공기

활동목표	물병과 공기를 주제로 강제연결법을 활용하여 아이디어를 창출할 수 있다.

① 상황의 제시

당신의 제품 중 하나가 단열 물병이고 이를 홍보하고자 한다고 가정하자. 먼저, 사람들이 이 물병으로 무엇을 할 수 있는지 고려해야 한다. 어떤 점이 당신의 제품을 반드시 갖고 싶게 만들까? 물을 휴대하기 편리하게 만드는 것 외에도, 다른 제품보다 당신의 제품을 어떻게 더 좋게 만들 수 있는지 생각해야 할 것이다. 이 과정에서, '공기'와 관련지을 수 있는 다른 요소들을 창출해 볼 수 있을 것이다. 그렇다면, 공기에 대해 생각해볼 때 떠오르는 연상들이 무엇인지 적어 보자. 다음은 공기에 대한 3가지 연상이다.

- 필수적인 것이다
- 가볍다
- 깨끗하다

② 강제연결의 시행

이제 이러한 특성들을 당신의 제품에 적용해 보자.

필수적이다	가볍다	깨끗하다
물은 생명에 필수적이다. 생수를 구입할 필요 없이, 간편하게 당신의 단열 물병을 채우고 언제나 가지고 다닐 수 있다.	제품 제조 시 가벼운 재료를 사용하여 물병 자체가 무게를 많이 더하지 않도록 한다.	물병을 청소하기 쉽다. 식기 세척기에 여러 번 넣을 수 있도록, 재료는 식기 세척기 사용 시 안전하며 고온에도 잘 견디게 설계된다.

③ 결과 활용의 안내

이러한 간단한 연상들은 제조 과정뿐만 아니라 마케팅에서도 활용될 수 있을 것이다. 제품을 휴대성 높고 가볍고 청소하기 쉽게 만들면서 이러한 특성을 대상 구매자에게 전달하고, 이러한 특징이 구매자들의 문제를 해결해 준다는 점을 효과성 있게 설명한다.

2) 시각적 상징 연결

(1) 단계별 활동

단계 1: 상관없는 이미지들이나 물건들을 연달아 보여 준다.

단계 2: 주목할 만한 두 개 이상의 이미지를 선택하도록 요청한다.

단계 3: 선택한 이미지와 고려 중인 문제 또는 주제 사이에 연결을 찾도록 안내한다.

단계 4: 이렇게 이루어진 시각적 연결에서 파생될 수 있는 아이디어, 개념 또는 해결책을 브레인스토밍하도록 한다.

단계 5: 각자 자신의 연결 아이디어를 공유하고 토론하도록 한다.

(2) 활동의 예시

| 활동 2-2 | 강제연결법: 시각적 상징 | |

| 활동목표 | 시각적 상징을 대상으로 강제연결법을 활용하여 아이디어를 창출할 수 있다. |

시각적 상징을 강제연결법으로 활용하여 아이디어를 창출하는 것은, 혁신적인 개념을 도출하기 위한 강력한 방법이다. 다음은 몇 가지 예시이다.

문제	시각적 상징	활동
커뮤니케이션 기술 향상	교차로	차량이 원활하게 움직이고 서로 소통하여 목적지에 도달하는 바쁜 교차로의 시각적 상징을 탐구한다. 이 상징을 커뮤니케이션 기술에 적용하여, 대화나 프레젠테이션에서 적극적인 청취, 명확한 신호, 효과적인 정보 교환의 필요성을 강조한다.
팀 협업 촉진	퍼즐 조각	완성된 그림을 형성하기 위해, 퍼즐 조각들이 함께 조립되는 시각적 상징을 활용한다. 이 상징을 팀 협업에 적용하여, 각 팀원의 독특한 기여의 중요성과 다양한 기술과 관점이 하나로 결합되어 공통의 목표를 달성하는 것의 중요성을 강조한다.
생산성 향상	흐르는 강물	지속적이고 원활한 작업 흐름을 나타내는 흐르는 강물의 시각적 상징을 활용한다. 이 상징을 생산성에 적용하여, 작업이 중단되거나 병목 현상 없이 원활하고 효율적으로 완료되는 '플로우' 상태 유지의 개념을 강조한다.
창의성 촉진	정원	아이디어가 싹을 틔우고 성장하여 아름다운 창작물로 피어나는 정원의 시각적 상징을 활용한다. 이 상징을 창의성에 적용하여, 아이디어를 양육하고 적절한 환경을 제공하며 귀중히 가꾸어 혁신적인 개념이 번성할 수 있도록 하는 필요성을 강조한다.

특히 시각적 상징은 매우 주관적이며 개인의 해석에 따라 다를 수 있다. 특정한 문제와 대상에 관하여 대중과 공감할 수 있는 상징을 선택하여, 새롭고 예상치 못한 연결을 통해 혁신적인 아이디어에 대한 영감을 받을 수 있도록 해야 한다.

3) 개념 맵핑

(1) 단계별 활동

단계 1: 중심 개념이나 문제를 소개한다.

단계 2: 중심 개념과 다른 관련 개념 또는 상관없어 보이는 개념을 연결하여 개념
맵을 생성하도록 안내한다.

단계 3: 개념 사이의 연결과 관계를 탐색하도록 장려하며, 직접적이거나 간접적인
연관성을 모두 고려하도록 한다.

단계 4: 자신의 개념 맵을 검토하고, 이러한 연결에서 도출될 수 있는 창의적인 아
이디어나 해결책을 확인하도록 한다.

단계 5: 학생들이 자신의 개념 맵과 생성된 아이디어를 공유하고 토론하도록 한다.

(2) 활동의 예시

활동 2-3	**강제연결법: 개념 맵핑**

활동목표	개념 맵핑을 강제연결법으로 적용할 수 있다.

개념 맵핑은 아이디어를 생성하는 강제연결법으로서 효과적으로 활용된다. 다음은 개념 맵핑을 사용하여 아이디어를 창출하는 몇 가지 예시이다.

문제	개념 맵핑			산출된 아이디어
	중심 개념	관련 주요 개념	하위 요인	
지속 가능한 교통	지속 가능한 교통	전기차	인프라 개발	• 주요 도로와 도시 지역에 포함된 전기차 충전소의 포괄적인 네트워크 개발
		자전거	재생 에너지 통합	• 전용 자전거 도로와 안전한 보관 시설을 갖춘 도시에서 자전거 공유 프로그램 도입 • 재생 에너지 원천을 도입하고 효율적인 경로를 최적화하여 대중교통 시스템 개선
		대중교통	친환경 교통수단을 위한 인센티브	• 친환경 교통수단을 사용하는 개인에게 세제 혜택이나 감면된 요금과 같은 인센티브 도입
		카셰어링 서비스	교육 및 인지 프로그램	• 지속 가능한 교통의 혜택에 대한 인식을 높이고 친환경 출퇴근 옵션에 대해 커뮤니티를 교육하는 캠페인 진행
워라밸 개선	워라밸	직원 웰빙	직원 웰빙 프로그램	• 명상 세션이나 체육관 멤버십과 같은 신체적·정신적 건강을 촉진하는 웰빙 프로그램 구축
		유연한 근무 제도	직장 정책	• 유연한 근무 시간과 재택근무 옵션 도입으로 직원이 일정을 더욱 효과적으로 조절할 수 있도록 함 • 잔업을 자제하고 휴가 사용을 장려하는 직장 정책 수립
		시간관리	생산성을 위한 기술도구	• 업무 관리에 도움이 되는 생산성 도구와 기술 도입으로 관리적 업무에 소요되는 시간을 최소화
		자기관리	가족지원 시스템	• 가족 지원을 위해 어린이 보육 서비스나 부모 교육 워크샵 등 지역 사회 기관과의 협력

개념 맵핑은 다양하게 상호 연결되는 개념을 탐구함으로써 복잡한 문제에 대한 혁신적인 해결책과 접근법을 찾는 데 도움을 준다. 개념과 그들의 관계를 시각적으로 정리함으로써 새로운 연결과 잠재적인 아이디어를 찾는 것이 더욱 쉬워진다.

05
브레인스토밍

1. 개념

브레인스토밍은 광고업계의 경영자이자 광고 대행사의 창업자였던 Osborn(1958)
이 제안한 것으로, 그룹 환경에서 창의적인 아이디어와 해결책을 도출하기 위한 기법
으로 소개되었다. 그는 전통적인 문제해결 방법이 창의성을 억압한다고 믿고, 보다
구조화된 접근 방식으로 그룹의 집단적 상상력을 발휘할 수 있다고 생각했다. 브레
인스토밍은 특정한 문제나 주제에 대해 창의적인 아이디어와 해결책을 생성하기 위
한 협력적이고 구조화된 기법이다. 이는 일련의 개인들이 서로의 생각과 제안을 적
극적으로 자유롭게 공유하는, 지원적이고 판단하지 않는 환경에서 이루어진다. 브레
인스토밍의 목표는 다양한 사고를 장려하고 다양한 관점을 탐구하며 혁신적인 사고
를 자극하는 것이다.

2. 적용 원리

브레인스토밍의 효과적 활용을 위한 원칙은 다음과 같다.

① 판단 보류: 참가자들은 브레인스토밍 과정에서 아이디어를 비판하거나 평가하지 않도록 권장한다. 이 원칙은 자유로운 표현을 위한 안전한 공간을 조성하고 부정적인 피드백의 두려움 없이 다양한 아이디어를 생성할 수 있도록 돕는다.

② 양적 산출 강조: 브레인스토밍에서는 초기 단계에서 아이디어의 품질을 평가하는 대신, 많은 양의 아이디어를 생성하는 데 초점을 맞춘다. 양적 목표를 통해 참가자들은 더 자유롭고 창의적인 사고를 유도하며, 새롭고 예상치 못한 해결책을 도출할 수 있다.

③ 다양한 관점 장려: 브레인스토밍 세션은 다양한 배경, 경험 및 관점을 가진 개인들을 포함하도록 해야 한다. 이 다양성은 도출된 아이디어의 다양성을 증진시키고, 각기 다른 지식과 시각을 바탕으로 혁신적인 사고를 유도한다.

④ 협력적 구축: 참가자들은 서로의 아이디어를 확장하고 발전시킬 수 있도록 장려되어야 한다. 협력적 아이디어 구축은 제안의 결합과 다듬기를 가능하게 하여 종합적이고 혁신적인 해결책을 도출한다.

⑤ 특이하고 비전통적인 사고 장려: 관행적인 틀을 벗어나고 새롭고 비전통적인 아이디어를 탐구하도록 장려한다. 이 원칙은 경직된 사고 패턴에서 벗어나며 새로운 가능성과 시각을 탐구하는 데 도움을 준다.

⑥ 자유롭고 즉흥적인 분위기 조성: 편안하고 즉흥적인 분위기 조성이 필수적이다. 참가자들은 자신의 아이디어를 표현하는 데 편안함을 느껴야 하며, 이 아이디어가 보통이 아니거나 비현실적으로 보일지라도 표현할 수 있어야 한다. 이 원칙은 재미있는 분위기를 조성하고 창의적 사고를 자극한다.

⑦ 적극적인 참여 장려: 모든 구성원의 적극적인 참여가 중요하다. 개인들은 자신의 아이디어를 기여하고 다른 참가자들의 의견을 주의 깊게 들으며 활발하게 참여할 수 있도록 장려되어야 한다. 이 원칙은 포용성을 촉진하며 그룹의 집단적 창의성을 극대화한다.

3. 활동의 전개

대학생들에게 브레인스토밍을 통해 창의적인 아이디어를 장려하기 위한 활동의
전개방식과 사례를 소개하면 다음과 같다.

1) 창의적 아이디어 산출을 위한 브레인스토밍의 단계별 활동

단계 1: 브레인스토밍 소개
- 브레인스토밍이 자유로운 사고와 협력을 장려하여 창의적인 아이디어와 해
  결책을 도출하는 기법임을 설명한다.

단계 2: 규칙 정립
- 긍정적이고 포용적인 분위기 조성을 위한 규칙을 정립한다. 참가자들에게 판
  단을 보류하고 모든 아이디어를 환영하며 서로의 기여를 더해 나갈 것을 권장
  한다.

단계 3: 워밍업 활동
- 창의적인 사고 상태로의 진입을 위한 워밍업 활동을 시작한다. 예컨대, 개인
  적으로 일정 시간 내에 흔한 물건(예: 클립)의 여러 용도를 나열하도록 한다.

단계 4: 문제 또는 주제 정의
- 명확하게 이해하고 정의된 내용으로 특정한 문제 또는 주제를 제시한다. 실제
  문제, 가상의 시나리오 또는 창의적인 문제로 설정할 수 있다.

단계 5: 개인적으로 아이디어 생성
- 개인적으로 아이디어를 생성할 시간을 제공한다. 각자 자신의 생각을 판단하
  거나 평가하지 않고 가능한 한 많은 아이디어를 적어 내도록 권장한다.

단계 6: 라운드 로빈 방식으로 아이디어 공유
- 각자 한 번씩 아이디어를 공유하며 그룹 전체가 돌아가며 참여할 수 있도록
  한다. 이 단계에서는 토론이나 평가는 진행하지 않아야 한다.

단계 7: 그룹 토론을 통한 아이디어 발전
- 그룹 토론을 통해 질문을 하거나 관련된 생각을 공유하며 기존의 아이디어를

결합하거나 확장하는 것을 허용한다. 협력과 시너지의 가치를 강조한다.

단계 8: 비전통적인 사고 장려

- 상상력이 풍부한, 예상치 못한 아이디어를 고려하고 틀에 갇히지 않는 사고를 장려한다. 전통적인 제약을 깨고 과감하고 상상력 넘치는 가능성을 고려하도록 도전한다.

단계 9: 아이디어 기록 및 문서화

- 세션 동안 도출된 모든 아이디어를 기록할 사람을 지정한다. 이는 화이트보드, 차트지 또는 디지털 도구를 사용하여 수행할 수 있다. 모든 사람의 아이디어가 판단이나 편견 없이 기록되도록 보장한다.

단계 10: 유망한 아이디어 평가 및 선택

- 가장 유망한 아이디어를 평가하고 선택하는 것에 초점을 맞춘다. 그룹 토론을 통해 발전 또는 구현의 가능성이 있는 아이디어를 식별하도록 한다.

단계 11: 과정 반성 및 토론

- 토론을 통해 브레인스토밍 과정에서의 경험, 마주한 도전, 그리고 배운 교훈을 공유하도록 요청한다. 향후 브레인스토밍 세션을 개선하기 위한 전략에 대해 논의한다.

2) 활동의 예시

활동 2-4   브레인스토밍

활동목표	'지속 가능한 삶의 방식'을 주제로 브레인스토밍을 수행할 수 있다.

① 도입

오늘은 친환경 습관을 촉진하고 환경 침해를 감소시키는 방법에 대해 아이디어를 브레인스토밍해 보겠습니다. 우리가 직면한 환경적 도전에 대해 깊이 고려해 볼 때, 일상적 삶에서 지속 가능성을 도모하는 일의 중요성이 더욱 커지고 있습니다. 이제 우리의 삶에서 지속 가능성을 높이기 위한 새로운 아이디어를 생각해 봅시다.

② 규칙 설정

모든 아이디어를 환영하고 비판이나 비난은 없으며, 아이디어의 양이 질보다 중요합니다.
자유롭게 생각하고 보통과는 다른 또는 상식에 어긋나는 아이디어도 공유해 보세요.

③ 워밍업 활동

각자 이미 실천하고 있는 친환경 습관이나 들어 본 적 있는 혁신적인 환경 이니셔티브를 나열해 보세요.

④ 아이디어 도출

각자 아이디어를 내 보세요. 10분 이내에 가능한 한 많은 아이디어를 적도록 하세요. 우리의 일상 습관, 기술, 교육, 지역사회 참여 또는 정책 변경과 같은 다양한 측면도 함께 고려해 보세요.
다음의 사항에 유념하여 아이디어를 구상하세요.
– 문제/주제에 접근할 수 있는 다양한 방법을 강구함
– 비전통적이고 참신한 아이디어를 제시함
– 다양한 아이디어나 개념을 결합하여 혁신적인 해결책을 도출함
– 상황에 도전하는 대안적인 해결책을 찾음

⑤ 그룹 공유 및 토론: 소규모 그룹이나 짝으로 나눔

각자 그룹 내에서 차례대로 자신의 아이디어를 발표하고 토론하며, 상호 간에 제안을 덧붙이도록 하세요. 특히 개방된 마음가짐으로, 적극적으로 듣고, 서로를 존중하면서 피드백을 제공해 주세요.

⑥ 정리 및 선택: 전체 그룹으로 다시 모임

각 그룹은 가장 유망하거나 흥미로운 아이디어라고 생각되는 내용을 제시하세요.
제시된 각 아이디어의 실행 가능성, 잠재적인 영향 및 창의성에 대한 토론해 봅시다.

– 아이디어 목록을 몇 가지 우수한 선택지나 주제로 좁힌다.

⑦ 개선 및 계획 수립

– 학생들이 더욱 발전시킬 아이디어를 하나 또는 두 개 선택하도록 한다.
  선택한 아이디어를 구체화하기 위해 그 실천 단계와 계획을 논의한다.

⑧ 마무리

지속 가능한 삶의 방식 구축을 위한 다양하고 새로운 아이디어들을 제시해 주어서 감사합니다. 우리들의 협력과 지속적인 노력이 친환경 습관을 촉진하고 환경 피해를 감소시키는 데 얼마나 중요한지 인식해 보도록 합시다.

제2부 창의적 문제해결의 도구

06
속성열거법

1. 개념

속성열거법(Attribute Listing)은 문제해결과 혁신을 위한 체계적인 기법으로, 러시아 출신 미국 수학자이자 비즈니스 전략가인 Ansoff(1965)에 의해 처음으로 제안되었다. 그가 1960년대에 전략 관리와 마케팅에 대한 연구를 수행하는 과정에 적용한 이후, 속성열거법은 교육에서 학생들의 창의성을 증진시키는 도구로도 활용되고 있다. 속성열거는 대상, 개념 또는 문제의 다양한 속성이나 특성을 체계적으로 식별하고 탐구하여 새로운 아이디어를 도출하는 창의적 사고 기법이다. 이는 개인이 관심 대상을 구성 요소로 분해하고, 각 속성을 검토하여 혁신적인 사고를 자극하고 새로운 관점을 도출하는 데 도움을 준다.

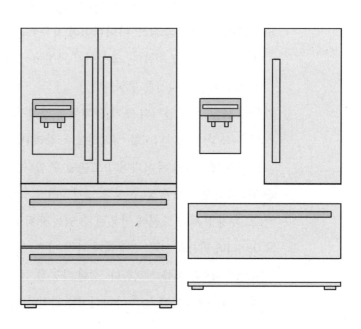

2. 적용 원리

① 관심 대상 식별: 속성 목록의 대상으로 특정한 객체, 개념 또는 문제를 선택한다. 대상을 명확히 정의하고 이해하여, 각 속성을 표적으로 하여 탐구를 보장한다.

② 속성 목록 작성: 대상과 관련된 모든 속성(특징, 요소, 특성)에 대해 체계적으로 아이디어를 내고 목록으로 작성한다. 포괄적으로 생각하고 명백한 속성과 덜 명백한 속성을 모두 고려하도록 장려한다.

③ 각 속성 탐구: 각 속성을 자세히 살펴보고, 그 잠재적인 영향, 연결 또는 연관성을 탐구한다. 각 속성의 확장을 위해 추가적인 세부 정보, 예시 또는 관점을 제공하도록 격려한다.

④ 속성의 결합과 재배열: 목록에 나열된 속성들 간의 연결과 결합을 찾는다. 서로 다른 속성들을 어떻게 결합, 재배열, 수정하여 새로운 아이디어나 대안적인 관점을 도출할 수 있는지 탐구한다. 상상력을 발휘하여 상투적인 관계를 벗어나고 비전통적인 결합을 고려하도록 장려한다.

⑤ 다양한 사고 자극: 속성열거는 다양한 아이디어와 가능성을 도출하기 위한 다양한 사고를 자극하기 위한 것이다. 관행의 제약을 벗어나고 속성과 관련된 대담하거나 비전통적인 아이디어를 탐색하도록 장려한다.

⑥ 자유로움과 개방성 장려: 아이디어의 자유로운 표현을 위해, 비판적이지 않고 개방적인 환경을 조성한다. 속성열거 과정에서 판단과 비판을 중단하여 창의적이고 포용적인 분위기를 형성한다.

⑦ 양적 품질: 속성열거의 초기 단계에서 양적 측면의 중요성을 강조한다. 최대한 많은 속성과 아이디어를 생성하도록 장려한다. 많은 양의 아이디어를 통해 다양하고 혁신적인 아이디어가 도출될 수 있다.

⑧ 아이디어 발전과 수정: 속성과 그것들의 결합이 어떻게 변형 또는 수정될 수 있고, 특정 문제나 도전에 적용될 수 있는지 탐구한다.

⑨ 아이디어 평가와 선택: 속성열거 과정 이후, 도출된 아이디어들을 평가하고 가장 유망한 아이디어를 선택한다. 실현 가능성, 독창성 및 관련성과 같은 기준을 적용하여 잠재력이 가장 높은 아이디어를 결정한다.

⑩ 반복적인 수행: 여러 차례의 반복을 통해, 새로운 속성을 탐구하거나 기존의 것들을 수정하도록 장려한다. 반복은 더 깊은 탐구와 세련되고 혁신적인 아이디어를 도출하는 데 도움을 준다.

3. 활동의 전개

1) 단계별 활동

단계 1: 속성열거 개념의 소개
- 속성열거가 객체, 개념 또는 문제의 다양한 속성이나 특성을 체계적으로 탐색하여 창의적인 아이디어를 도출하는 기법임을 설명한다.

단계 2: 대상 객체 또는 개념 선택
- 속성열거 활동에 사용할 대상 객체 또는 개념을 선택한다. 일상적인 객체, 특정 문제 또는 창의적인 문제를 선택할 수 있다. 대상이 모든 참가자에게 명확하고 이해되도록 해야 한다.

단계 3: 관련된 속성 식별
- 개인적으로 속성 목록을 만들기 위해 학생들에게 관련된 속성이나 특성을 발상하도록 안내한다. 넓게 생각하고 명백하거나 덜 명백한 속성을 고려하도록 장려한다.

단계 4: 속성 목록 작성
- 식별한 속성들을 목록으로 작성하도록 한다. 각 속성은 별도의 항목으로 기록되어야 한다. 양적 측면의 중요성을 강조하고, 가능한 한 많은 속성을 생성하도록 장려한다.

단계 5: 속성 확장
- 각 속성을 확장하도록 장려한다. 추가적인 세부 정보, 연관성 또는 연결을 제공하는 방식으로 속성을 확장한다.

단계 6: 연결과 조합 탐구
- 목록에 있는 속성들 간의 연결과 조합을 탐구할 수 있도록 그룹 토론을 진행

한다. 서로 다른 속성 간의 관계, 패턴 또는 잠재적인 시너지를 식별하도록 장려한다.

단계 7: 속성을 기반으로 아이디어 도출

- 속성을 아이디어 도출의 영감으로 활용하도록 요구한다. 속성을 조합, 수정 또는 변형하여 대상 객체 또는 개념과 관련된 혁신적인 해결책이나 시각을 도출하는 방법을 고려하게 한다.

단계 8: 아이디어 공유 및 토론

- 생성한 아이디어를 발달시킬 수 있는 기회를 제공한다. 아이디어를 공유하고 서로의 아이디어를 기반으로 발전시키고 다양한 접근 방식의 잠재력을 탐색할 수 있는 개방적이고 건설적인 토론을 장려한다.

단계 9: 반성 및 평가

- 속성열거를 통해 경험한 내용에 대해 반성할 수 있는 토론을 진행한다. 속성열거 기법의 효과적인 창의적 아이디어 도출을 위한 도전과 효과에 대해 생각하고 논의하도록 한다.

단계 10: 실제 문제에 적용

- 학업적 또는 개인적인 삶에서 속성열거 기법을 실제 문제에 적용하도록 장려한다. 기법의 적용 가능성과 다양한 맥락에서 혁신적인 해결책을 도출하는 잠재력을 강조한다.

2) 활동의 예시

활동 2-5	속성열거법

활동목표	'캠퍼스 내 식품 낭비 감소를 위한 혁신적 방법'을 주제로 속성열거법을 적용할 수 있다.

(1) 도입

오늘은 대학 캠퍼스에서 식품 낭비를 줄이기 위한 혁신적인 방법에 대해 속성열거 기법을 사용하여 아이디어를 도출해 보겠습니다. 모두가 주지하듯이 식품 낭비 문제가 상당하며, 이에 따른 환경적 영향이 큽니다. 이러한 문제를 위한 새로운 해결책을 찾아보는 것은 우리 생활의 중요한 긍정적 변화를 이끌어 낼 것입니다.

(2) 속성열거 기법의 설명

속성열거 기법은 주제를 다양한 속성이나 특성으로 분해하고 각 속성에 대한 아이디어를 도출하는 것입니다. 제시된 문제의 다양한 측면을 탐구하고, 각 측면에 대한 창의적인 아이디어는 전체적인 문제의 해결책을 얻는 데 큰 도움이 됩니다.

(3) 식품 낭비 감소와 관련된 속성 식별
- 대학 캠퍼스에서 식품 낭비 감소와 관련된 다양한 속성이나 특성을 식별하고 목록화함
- 예: 식당, 식품 구매, 식품 저장, 식품 포장, 지역사회 활동, 학생 참여 및 기술적 혁신

(4) 각 속성에 대한 아이디어 도출
- 학생들을 소규모 그룹으로 나누고, 각 그룹에게 하나 또는 두 개의 속성을 할당함
- 그들의 그룹 내에서 식품 낭비를 줄이기 위한 아이디어를 도출하도록 함
- 각 속성에 대해 창의적으로 생각하고 가능한 한 많은 아이디어를 제시하도록 장려함

(5) 속성 공유 및 토론
- 학생들을 다시 모아 각 그룹이 할당받은 속성에 대한 아이디어를 공유하도록 함
- 제시된 아이디어의 실행 가능성, 잠재적인 영향, 독특성에 대해 토론함
- 그룹 간 아이디어 상호작용과 서로의 제안을 바탕으로 아이디어 발전의 영감을 받도록 함

(6) 종합 및 선택
- 각 속성별로 도출된 아이디어에 대해 가장 유망하거나 혁신적인 개념을 선정함
- 각 속성과 아이디어의 상호 보완적인 관계 형성을 통해, 종합적인 식품낭비 감소 방안을 구축함

(7) 수정 및 실행 계획
- 학생들이 가장 흥미로운 아이디어나 몇 가지 아이디어를 선택하도록 장려함
- 아이디어 실현을 위해 필요한 실질적인 단계와 계획을 논의함
  : 자원, 파트너십, 정책 및 학생 참여 등 요인을 고려함
- 그 실행에 있어 있을 수 있는 어려움을 고려하고, 극복 방안을 브레인스토밍함

제2부 창의적 문제해결의 도구

07
SCAMPER

1. 개념

여러 기법으로 구성되는 SCAMPER는 Osborn(1953)과 Parnes, Harding(1962) 등 여러 창의성 개척자들의 작업을 기반으로 교육자이자 창의성 전문가인 Eberle(1971)에 의해 편집 정리되었다. SCAMPER는 개인들이 기존 개념들 사이에서 다양한 사고를 하고 연결을 만들도록 유도하여, 창의적 아이디어를 도출하는 기술이다. SCAMPER는 Substitute(대체), Combine(결합), Adapt(응용), Modify(수정), Put to Another Use(다른 용도로의 사용), Eliminate(제거), Reverse(반전)의 약자다. 각 글자는 창의적 사고 전략

을 나타내며, 개인들이 대안적인 관점을 탐구하고 기존의 가정에 도전하여 혁신적인 해결책을 도출할 수 있도록 도와준다.

2. 적용 원리

① 다양한 사고: 다양한 아이디어를 도출하고 다양한 가능성을 탐구하는 과정에서, 관습적인 사고 패턴을 벗어나 새로운 관점과 아이디어의 조합을 탐구하는 것을 장려한다.

② 가정 깨기: 기존의 요소, 속성 또는 과정을 의심하고 수정함으로써, 창의적 사고와 문제해결을 위한 새로운 가능성을 열어 준다.

③ 요소의 결합(C: Combine): 다양한 요소, 개념 또는 아이디어를 식별하고 결합하여 새롭고 독특한 해결책을 창출하도록 장려한다.

④ 응용과 수정(A: Adapt): 기존의 아이디어나 개념을 새로운 맥락이나 요구 사항에 맞게 적용하고 수정한다. 아이디어가 어떻게 조정되고 정제되며 필요한 도전에 대응할 수 있는지 탐구한다.

⑤ 비관례적인 활용(P: Put to Another Use): 기존의 아이디어, 개념 또는 물건을 대안적인 적용 분야나 맥락 안에서 탐구한다. 어떤 것이 어떻게 다른 방식으로 재활용되거나 다른 방식으로 사용될 수 있는지 고려한다.

⑥ 단순화와 제거(E: Eliminate): 불필요하거나 덜 중요한 요소나 과정을 단순화하고 제거하는 것을 장려한다. 아이디어와 해결책을 정리함으로써, 핵심 요소에 초점을 맞추고 효율성과 효과성을 향상시킨다.

⑦ 순서의 반전(R: Reverse): 일반적인 순서나 단계, 과정을 거꾸로 돌려 보거나 변경하는 것을 포함한다. 다른 관점을 고려하고 신선한 통찰력과 혁신적인 해결책을 도출한다.

⑧ 유연성과 개방성: 새로운 아이디어와 관점에 대한 유연성과 개방성의 마인드셋을 장려한다. 판단을 보류하고 모호함을 받아들이며 관습적인 가능성을 탐구하는 것을 장려한다.

⑨ 반복적인 과정: 아이디어 도출과 정제를 위해 여러 번의 반복적인 과정을 실행

한다. 연속적인 탐구, 평가 및 수정을 통해 아이디어를 더욱 발전시킬 수 있다.

3. 활동의 전개

대학생들에게 SCAMPER를 통해 창의적인 아이디어를 장려하기 위한 단계별 활동을 전개하는 방식과 사례를 소개하면 다음과 같다.

1) 단계별 활동 ('대체' 적용의 경우)

단계 1: 기법의 설명

　－문제나 기존 솔루션의 구성 요소, 재료, 요소를 다른 것으로 대체하는 것을 의미한다.

단계 2: 예시 제공

　－구체적인 예시를 들어 대체 기술을 설명한다. 이 기술이 다양한 맥락에서 어떻게 적용될 수 있는지 보여 줄 수 있다. 일상적인 물건이나 현실 세계의 시나리오에서 대체 요소가 혁신적인 해결책으로 이어질 수 있다는 것을 보여 줄 수 있다.

　　: "예를 들어, 냉장고의 문을 여는 방식을 대체할 수 있는 새로운 메커니즘이 있다면 무엇일까요? 혹은 식료품 저장 방식을 다른 방식으로 바꿀 수 있는 아이디어는 무엇이 있을까요?"

단계 3: 문제 정의

　－창의적 사고와 문제해결이 필요한 구체적인 문제나 과제를 제시한다. 문제와 그 문제가 발생한 맥락을 명확하게 전달하여, 다루게 될 도전에 대해 명확한 이해를 갖게 한다.

단계 4: 구성 요소 확인

　－문제를 주요 구성 요소 또는 측면으로 분해한다. 대체할 수 있는 특정 부분이나 요소를 식별할 수 있도록 도움을 준다. 초월적인 상상력을 발휘하며 다양한 대체 가능성을 고려할 것을 권장한다.

단계 5: 대체 아이디어 생성

- 각 구성 요소에 대한 대체 아이디어 목록을 도출하도록 장려한다. 상상력을 발휘하고 흔치 않은 옵션을 고려하도록 한다. 이 단계에서는 다양성과 양적인 측면을 중요시해야 한다.

단계 6: 대체 아이디어 평가

- 대체 아이디어 목록을 평가하고 분석할 수 있도록 안내한다. 각 대체 사항의 실행 가능성, 장점 및 잠재적인 영향에 대해 논의한다. 비판적 사고를 장려하고 가장 유망한 대체 아이디어를 선택하는 데 도움을 준다.

단계 7: 솔루션 개발 및 수정

- 선택된 대체 아이디어를 기반으로 잠재적인 솔루션을 개발하고 수정할 수 있도록 안내한다. 대체 요소를 문제 맥락에 통합하는 방법을 도와준다. 이 대체 요소가 혁신적이고 효과적인 결과로 이어지는지 탐색한다.

단계 8: 프로토타입 및 테스트

- 개선된 솔루션의 프로토타입이나 표현을 만들도록 장려한다. 이는 스케치, 모델, 시뮬레이션 또는 다른 관련 매체의 형태일 수 있다. 테스트를 해 보고 그에 따른 피드백을 수집하는 기회를 제공하여 솔루션을 더욱 개선하고 완성한다.

단계 9: 반성과 토론

- 연습 이후, 반성과 결과에 대한 토론을 진행한다. 대체 기술 활용으로부터 얻은 통찰력을 공유하도록 장려한다. 이 기술이 창의적인 해결책을 도출하는 데 얼마나 효과적인지에 대해 논의한다.

2) 활동의 예시

활동 2-6	SCAMPER	

활동목표	다양한 주제에 대해 SCAMPER를 활용하여 창의적 아이디어를 생성할 수 있다.

	Substitute (대체)	Combine (결합)	Adapt (응용)	Modify (수정)	Put to another use (다른 용도로의 사용)	Eliminate (제기)	Rearrange (반전)
주제	온라인 학습 환경에서 학생 참여 강화	효율성과 지속 가능성을 강화하기 위한 대중 교통 시스템 재설계	디지털 시대에 맞춰 전통적인 소매점의 적응	학습 향상을 위한 전통적인 교실 설정의 수정	지역사회 이익을 위한 버려진 건물의 활용	도시 교통 시스템 개선을 위한 불필요한 요소 제거	학습 환경 향상을 위한 교실 공간 재구성
기법의 설명	개념이나 시스템과 구성의 요소를 식별, 새로운 아이디어나 다른 솔루션으로 대체함	기존의 아이디어, 특징 또는 요소를 결합, 새롭고 혁신적인 개념을 만듦	기존의 요소나 과정을 수정하거나 새로운 맥락이나 기술에 맞게 적응시킴	기존의 요소나 과정을 수정하여 기능성, 효과성, 효율성을 개선함	기존의 물건이나 구조물을 원래의 용도나 적용 분야와는 다른 목적으로 활용함	효율성과 효과성을 개선하기 위해 불필요하거나 중복된 요소를 식별하고 제거함	시스템 내 요소를 재구성하거나 재배치, 새 가능성을 찾고 기능성을 개선함
문제 요소의 식별	교육 자료, 커뮤니케이션 도구, 평가 방법, 협업 플랫폼, 피드백 시스템 및 학습 활동	차량, 인프라, 요금 징수 시스템, 운행 일정 방법, 승객 경험, 환경 영향	상점 레이아웃, 상품 진열 기법, 고객 상호작용, 결제 방법, 재고 관리	가구 배치, 교수 방식, 학습 자료, 기술 통합, 학생-교사 상호작용	지역에서의 버려진 각 건물	교통 체증, 대중교통 접근성, 주차	학생들의 자리 배치, 공간 활용, 접근성, 학생과 교사 간 상호작용
아이디어 생성	– 소규모 그룹 활동 – 각 그룹에게 하나 또는 두 개의 요소를 할당함 – 그룹 내에서 배정된 요소에 대해 아이디어를 도출함						

아이디어의 공유		– 전체 토론 활동 – 각 그룹이 할당받은 요소에 대한 아이디어를 공유함 – 제시된 아이디어의 잠재적인 이점, 실행 가능성, 효과 등을 평가하고 토론함						
상호작용과 결합의 탐색		– 각 요소에 대한 아이디어 간 상호작용과 통합의 방안을 논의함 – 아이디어 간의 상호 보완성을 파악하고, 함께 작동하여 보다 참여도 높은 학습 경험을 만들 수 있는 방법을 논의함						
개선 및 실행 계획		– 가장 유망하고 혁신적인 아이디어나 아이디어 조합을 선택함 – 아이디어 실현을 위해 필요한 실질적인 단계와 계획을 논의함 – 잠재적인 어려움을 고려하고, 극복 전략을 브레인스토밍함						
		Substitute	Combine	Adapt	Modify	Put to another use	Eliminate	Rearrange
	추가 고려 사항	기술, 자원, 교사 지원, 학생 선호도 및 교육적 사항	기술적 발전, 대체 에너지원, 스마트 교통 솔루션, 사용자 중심 디자인 접근 방식	기술적인 제한, 직원 교육, 고객 수용	예산 제한, 교사 교육, 교육과정 조정, 학생 수용	법적 제약 사항, 자금 한계, 지역사회의 저항	이해관계자의 저항, 자금 한정	학생 참여도 향상, 협업 기회, 공간 활용도, 이동의 편의성, 실현 가능성

08
시네틱스

1. 개념

시네틱스(Synectics)는 1950년대 George Prince와 William Gordon이 ADL(Arthur D. Little) 컨설팅 회사에서 일하면서 공동 개발했다(Techtarget, 2023). 시네틱스는 유추적 사고를 이용하여 관련이 없는 것들을 결합하는 창의적 방법이다. 시네틱스는 그리스어 'synetikos'를 어원으로 '서로 관련 없는 것들의 각 요소를 결합'하는 것을 의미한다. 관련 없는 것들을 결합하기 위한 방법으로 유추(analogy)를 사용한다. 유추는 어떤 대상의 기능이나 구조, 형태 또는 모양 등의 유사점을 찾아서 다른 새로운 대상에 적용하거나 관련시키는 것이다. 시네틱스는 문제를 분석하고 창의적인 문제해결을 위해 유추를 통해 낯선 것을 친숙한 것으로, 친숙한 것을 낯선 것으로 만들어 보면서 창의적으로 문제를 해결하는 방법이다. 이러한 유추를 통해 낯설고 어려운 문제를 친근하고 쉬운 방식으로 이해하고, 또는 친숙하고 이미 알고 있는 문제를 낯선 것과 연결하여 새로운 시각으로 문제해결을 시도할 수 있다.

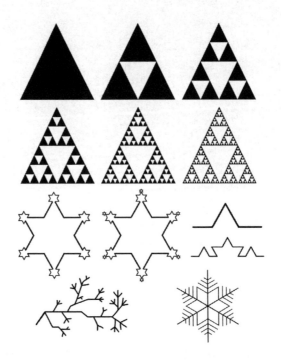

2. 유추를 통한 강제결합 방법

시네틱스는 유추를 통해 4가지 유형으로 강제결합을 할 수 있다.

1) 의인화 유추

의인화 유추(personal analogy)는 자신이 주어진 문제의 일부라고 생각하고 자기 자신을 문제의 대상으로 의인화하여 새로운 아이디어를 유추하는 방법이다. 문제에 대한 통찰을 얻기 위하여 그 대상이 되어 느끼게 되는 감정과 정서를 이용한다. 자기 자신을 문제에서 다루고 있는 대상이 되었다고 상상하고 문제의 장면에서 '내가 ○○라면, 어떤 느낌이 들며 어떻게 행동할 것인가?'를 상상해 본다. 이런 과정 속에서 문제해결의 실마리를 찾게 되는 것이다. 다음과 같은 4가지 수준으로 상상해 볼 수 있다.

- 1수준: 그 대상이 가지고 있는 기본적인 특징을 나열하여 기술
- 2수준: 그 대상이 주어진 장면에서 느낄 것 같은 정서를 기술

- 3수준: 그 대상을 사용할 때 어떻게 느낄 것 같은지를 기술
- 4수준: 그 대상이 되었을 때 느낄 것 같은 또는 행동할 것 같은 것을 기술

● **문제 사례: 음식물 쓰레기를 줄이기 위해 내가 음식물 쓰레기가 되어 보기**

- 1수준: 음식물 쓰레기의 특징 나열해 보기
- 2수준: 음식물 쓰레기의 정서 설명해 보기
- 3수준: 음식물 쓰레기를 처리할 때 느낌은 어떤지 설명해 보기
- 4주준: 내가 음식물 쓰레기라면 어떨 것 같은가? 어떻게 행동할 것 같은가?

---

2) 직접적 유추

직접적 유추(direct analogy)는 주어진 문제를 전혀 다른 사물이나 현상과 객관적으로 직접 비교하는 방법이다. 이 유추는 가장 적용하기 쉽고, 기본적인 방법이다. 현재 문제에 대해 다른 어떤 물건, 아이디어 또는 대상이 가지고 있는 특성들을 비교하여 상상해 보는 것이다. 예를 들면, "휴대폰과 컴퓨터의 차이점은 무엇인가?" "휴대폰과 컴퓨터의 공통점은 무엇인가?"라는 질문으로 유추를 시작해 볼 수 있다.

3) 상징적 유추

상징적 유추(symbolic analogy)는 서로 반대되거나 모순되는 특징을 하나의 의미나 단어로 결합하여 거리가 먼 것들을 유추해 보게 함으로써 주제 혹은 문제를 새로운 시각으로 생각하도록 하는 방법이다. 예를 들면, 반대되는 의미를 가진 '창과 방패' '아름다운 추락' '시작과 끝' 등으로 유추를 시작할 수 있다.

4) 환상적 유추

환상적 유추(fantasy analogy)는 문제를 해결하기 위해 현실적이기보다는 환상적인 상상을 통해 유추하는 방법이다. 예를 들면, '내가 말을 하면 자동으로 외국어 번역을

해 주는 기계가 있었으면 좋겠다.'라는 상상이 네이버 파파고 자동 번역 애플리케이션을 개발하였다. 또한 '온라인 쇼핑몰에서 옷을 사기 전에 미리 옷을 입어 본 내 모습을 볼 수 있으면 좋겠다.'라는 상상이 가상 공간에서 옷을 입어 볼 수 있는 애플리케이션(FitUin: 피츄인)을 등장시켰다. 이런 창의적인 결과물들은 환상적 유추의 대표적인 예들이다.

[그림 2-1] 파파고 번역 앱

[그림 2-2] FitUin 앱

3. 활동의 전개

1) 단계별 활동

시네틱스의 진행 방법은 문제를 해결하기 위한 팀을 구성하고, 문제를 진술하고 분석한다. 문제에 대한 탐색과정을 거쳐 유추를 통한 강제결합을 하여 최종 문제해결책을 도출한다(김영채, 2018; 조연순, 백은주, 최규리, 2019).

단계 1: 팀 구성하기
　－ 창의적인 문제의 성격이나 주제에 따라 적절한 인원(5~6명 정도)으로 팀을 구성하고 팀의 사회자를 정한다. 사회자는 시네틱스 과정을 진행하는 역할로 아이디어를 기록하고, 문제해결의 방향을 점검하고, 전체 과정의 시간을 관리하는 역할을 한다.
단계 2: 문제 진술과 분석하기
　－ 팀원들은 주어진 문제에 대해 재진술해 보면서 문제를 분석한다. 사회자는 재진술된 문제를 기록하고 그중에서 가장 잘 진술된 문제를 선택한다.

단계 3: 탐색하기

  - 진술된 문제에 대해 다양한 유추를 통해 탐색해 본다. 사회자는 진술된 문제
    에서 핵심단어를 유추해 보도록 한 후, 그중 가장 적절한 유추를 선택한다. 선
    택한 유추를 보다 자세히 분석하고 정교화하기 위해 4가지 유추방법을 사용
    한다.

단계 4: 강제 결합하기

  - 유추를 통해 생성된 아이디어를 주어진 문제와 강제 결합한다. 유추한 아이디
    어와 현재 다루고 있는 문제의 관련성을 분석해 문제의 해결책을 찾아본다.

단계5: 문제해결 적용하기

  - 새로운 문제의 해결책을 최종적으로 도출하고 실제 문제 장면에 적용해 본다.

2) 활동의 예시

활동 2-7	시네틱스	

활동목표	시네틱스 방법을 활용하여 창의적으로 문제를 해결할 수 있다.

문 제		스마트폰에 새로운 서비스와 기능을 추가해 보자.
문제 재진술		
유 추	의인화 유추	
	직접적 유추	
	상징적 유추	
	환상적 유추	
최종문제해결 방안		

진행절차

1. 팀을 구성하고 사회자를 선정한다.
2. 문제에 대해 분석하여 재진술한다.
3. 진술된 문제에 대해 다양한 유추를 통해 탐색해 보면서 4가지 유형의 유추를 통해 생성된 아이디어를 주어진 문제와 강제결합한다.
4. 사회자를 중심으로 최종적으로 문제해결 방법을 도출하여 정리한다.

제2부 창의적 문제해결의 도구

09
여섯 가지 생각하는 모자

1. 개념

Edwarde de Bono(1985)가 수평적 사고(lateral thinking)를 개발하는 방법으로 고안한 창의적 방법 중 하나가 여섯 가지 생각하는 모자(six thinking hats) 방법이다. 이 방법은 흰색, 빨간색, 노란색, 검은색, 초록색, 파란색 여섯 가지 색깔의 생각하는 모자를 쓰고 각 색깔이 의미하는 사고의 유형대로 생각하는 것이다. 정해진 색깔의 모자를 쓰게 되면, 그 색깔이 의미하는 사고로 생각하게 되므로 단순하게 한 번에 한 가지만 사고할 수 있도록 해 준다.

흰색 모자	노란색 모자	검은색 모자
초록색 모자	파란색 모자	빨간색 모자

[그림 2-3] 여섯 가지 색깔의 생각하는 모자

흰색 모자	빨간색 모자	노란색 모자	검은색 모자	초록색 모자	파란색 모자
객관적 사고	감정적 사고	낙천적 사고	비판적 사고	창의적 사고	조절적 사고

[그림 2-4] 여섯 가지 생각하는 모자별 사고 유형

여섯 가지 생각하는 모자는 색깔별로 다른 사고를 한다. 흰색 모자는 객관적 사실에 기반한 모자로 정보에 관한 사고를 한다. 빨간 모자는 마음을 위한 모자로 감정과 직관 및 본능에 관한 사고를 한다. 노란색 모자는 낙천주의 모자로 긍정적인 시각과 좋은 점에 관한 사고를 한다. 검은색 모자는 심판관의 모자로 비판적인 판단과 부정적인 것에 관한 사고를 한다. 초록색 모자는 창의적인 모자로 새로운 아이디어를 만드는 것에 관한 사고를 한다. 파란색 모자는 지휘자 모자로 사고 과정에 대해 관리하고 조절하는 역할을 한다.

여섯 가지 생각하는 모자는 단순하게 생각하는 방법이기도 하지만, 다양하게 생각하는 방법이기도 하다. 다양한 색깔의 모자를 쓰고 여러 가지 사고를 할 수 있는 기회를 제공하여 한 가지 사고에 치우치지 않도록 한다. 이를 통해 폭넓은 사고와 다양한 관점을 생각해 보도록 하여 창의적인 문제를 해결하도록 할 수 있다.

2. 여섯 가지 생각하는 모자의 사고 유형

여섯 가지 생각하는 모자별 사고 유형과 활용을 정리하면 다음 〈표 2-1〉과 같다.

〈표 2-1〉 여섯 가지 생각하는 모자별 사고 유형과 활용

모자색깔	사고유형	역할
흰색	중립적 · 객관적 사고	정확한 정보에 기초하고 이미 검증된 중립적이고 객관적인 사실을 제시 예) 우리나라 고속도로의 최대 속도는 대부분 100km입니다.

빨간색	감정적 · 정서적 사고	흰색 사고와는 반대로 자신의 분노, 두려움, 직관과 같은 감정이나 정서를 제시 예) 내 생각으로는 이것이 성공하지 못할 것 같습니다. 　　나는 이런 처리 방식을 좋아하지 않습니다.
노란색	긍정적 · 낙관적 사고	긍정적이고 낙관적인 측면을 제시 예) 많은 친구들이 탤런트나 가수가 되기를 바랍니다. 성공하는 경우는 극히 드물지만 성공하는 사람도 있습니다. 원한다면 해 보십시오.
검은색	비판적 · 부정적 사고	부정적이고 비판적인 측면을 제시 예) 규정 때문에 그것을 할 수 없습니다. 　　내가 아는 한 그것은 가정일 뿐입니다.
초록색	창의적 · 확산적 사고	창의적이고 확산적인 새로운 측면을 제시 예) 우리가 네모난 햄버거를 만든다고 가정해 보면 어떻게 될까요? 다른 대안은 없나요?
파란색	조절 · 통솔적 사고	지휘자나 사회자처럼 정리 · 요약하고 결론적인 내용을 제시 예) 여기서 우리에게 주어진 가능성을 검토해 봅시다. 이제 우선순위를 고려해야 합니다.

출처: 조연순, 백은주, 최규리(2019), p.215 일부 수정.

여섯 가지 생각하는 모자 방법을 적용할 때 유의점은 다음과 같다(김영채, 2018; 조연순, 백은주, 최규리, 2019).

① 한 번에 하나의 모자만을 사용한다.

② '생각하는 모자를 쓰세요.'는 '곰곰이 생각해 보세요.'의 의미이다.

③ 생각하는 모자를 사용함으로써 문제가 가지고 있는 다양한 측면들을 분리해서 단순하게 생각해 볼 수 있게 만든다.

④ 대화나 회의 등 다양한 장면에서도 사용할 수 있다.

⑤ 생각하는 모자의 순서를 정해 놓고 사용해도 좋다.

⑥ 똑같은 색깔의 생각하는 모자를 여러 번 사용할 수 있다.

⑦ 다양하고 긍정적인 사고로 생각한 후 비판적으로 평가할 수 있도록, 노란색 모자를 먼저 쓰고 검은색 모자를 쓰고 사고한다.

⑧ 아이디어를 생성할 때는 흰색 모자 → 초록색 모자 → 노란색 모자 → 검은색 모자 → 파란색 모자 → …… → 빨간색 모자의 순서가 적절하다.

⑨ 아이디어를 판단할 때는 빨간색 모자 → 노란색 모자 → 검은색 모자 → 초록색

모자 → ·······→ 흰색 모자 순이 적절하다.

3. 활동의 전개

1) 단계별 활동

창의적인 문제해결을 위해 여섯 가지 생각하는 모자 방법을 적용할 수 있다. 먼저 문제를 제시하고 문제에 대한 해결 아이디어를 생각해 본 후, 여섯 가지 생각하는 모자를 번갈아 쓰면서 다양한 사고를 통해 문제를 해결하기 위한 아이디어를 도출한다. 여섯 가지 생각하는 모자의 진행 방법은 다음과 같다.

단계1: 문제 제시하기
  – 문제나 문제상황을 제시한다. 여섯 가지 생각하는 모자를 진행할 사회자를 정한다. 사회자는 파란색 모자를 쓰고 진행하도록 한다.
단계 2: 문제 진술과 분석하기
  – 주어진 문제에 대해 재진술해 보면서 문제에 대해 분석을 한다.
단계 3: 여섯 가지 생각하는 모자 쓰며 생각하기
  – 문제에 대해 다양한 의견을 여섯 가지 생각하는 모자를 쓰면서 공유하며 문제해결을 위한 아이디어를 나눈다.
    ① 아이디어의 생성:
      흰색→초록색→노란색→검은색→파란색→·······→빨간색 모자 순서로 쓰면서 사고한다. 맨 마지막 빨간색 모자를 쓰기 전까지 여러 번 모자를 번갈아 쓰면서 사고할 수도 있다.
    ② 아이디어의 최종 결정:
      빨간색→노란색→검은색 →초록색→·······→흰색 모자 순서로 진행하면서 아이디어를 결정한다.
단계 4: 문제해결 적용하기
  – 최종적 문제해결 방법으로 도출하고 실제 문제 장면에 적용해 본다.

2) 활동의 예시

활동 2-8	여섯 가지 생각하는 모자	

활동목표	여섯 가지 생각하는 모자 방법을 활용하여 창의적으로 문제를 해결할 수 있다.

문제		우리 대학교에서 탄소 발자국(Carbon Footprint)을 줄이는 실천적 방법은 무엇일까요?
흰색	중립적 · 객관적 사고	
빨간색	감정적 · 정서적 사고	
노란색	긍정적 · 낙관적 사고	
검은색	비판적 · 부정적 사고	
초록색	창의적 · 확산적 사고	
파란색	조절 · 통솔적 사고	
최종 문제해결방안		

진행절차

1. 팀을 구성하고 사회자를 선정한다.
2. 사회자는 파란색 모자를 쓰고 진행한다.
3. 흰색, 빨간색, 노란색, 검은색, 초록색, 파란색의 여섯 가지 색깔별 모자를 쓰면서 아이디어를 제시한다.
4. 사회자를 중심으로 최종적으로 문제해결방안을 도출하여 정리한다.

제2부 창의적 문제해결의 도구 ——————————

10
PMI

1. 개념

PMI(Plus, Minus, Interesting)는 Edwardde de Bono(1986)가 CoRT(Cognitive Research Trust)에서 아이디어에 집중하는 도구로 개발하였다(김영채, 2007).

어떤 문제의 아이디어나 해결 방법이 단순히 '좋다' 또는 '좋지 않다'고 말하는 대신 PMI를 이용하여 다양한 관점에서 검토해 보는 방법이다. PMI는 글자의 순서대로 어떤 아이디어에 대해 좋은 점(Plus), 나쁜 점(Minus), 흥미롭게 생각되는 점(Interesting)을 나열한다. 아이디어에 대해 여러 가지 관점으로 살펴보면서 아이디어를 발전시키고 다듬어 갈 수 있으며, 문제해결에 대한 다양한 시각과 관점을 살펴볼 수 있다.

2. PMI 방법

PMI에서 P(Plus)는 제시된 아이디어의 강점이나 좋은 점, M(Minus)는 제시된 아이디어의 약점이나 나쁜 점, I(Ineresting)는 제시된 아이디어에 대하여 흥미롭다고 생각하는 점을 작성해 보면서 아이디어를 정리하며 창의적으로 문제를 해결하는 방법이다.

PMI의 예시는 다음과 같다.

● 아이디어: 버스 안에 있는 좌석은 모두 치워 버려야 한다.	
구분	내용
P (좋은 점)	• 버스에 더 많은 사람이 탈 수 있다. • 버스를 타거나 내리기가 더 쉽다. • 버스를 제작하거나 수리하는 비용이 훨씬 싸게 들 것이다.
M (나쁜 점)	• 버스가 갑자기 서면 승객들이 넘어질 것이다. • 노인이나 지체부자유인들은 버스를 이용할 수 없을 것이다. • 쇼핑백을 들고 다니거나 아기를 데리고 다니기가 어려울 것이다.
I (흥미로운 점)	• 한 가지는 좌석이 있고, 다른 한 가지는 좌석이 없는 두 가지 유형의 버스를 생각하게 하는 흥미로운 아이디어이다. • 같은 버스라도 유형을 달리하면 일을 더 많이 할 수 있다는 것은 흥미로운 아이디어이다. • 버스에서는 편안함이 그렇게 중요하지 않을 수도 있다는 재미있는 아이디어이다.

출처: 김영채(2019).

PMI를 활용하면 다양한 새로운 관점으로 아이디어를 확인할 수 있다. P를 활용하여 나쁜 것처럼 보이는 아이디어의 가치 있는 점을 확인할 수 있고, M을 활용하여 좋은 아이디어가 가지고 있는 약점을 확인하고, I를 활용하여 기존 아이디어로부터 새로운 아이디어를 얻을 수 있다.

3. 활동의 전개

1) 단계별 활동

PMI의 절차는 해결해야 할 문제를 제시하고, 문제해결의 아이디어를 제시한다. 각 아이디어에 대한 P(좋은 점), M(나쁜 점), I(흥미로운 점)을 작성한다. 작성한 결과를 발표하며 최종 문제해결 아이디어를 결정한다(김영채, 2007; 문창현 외, 1992).

단계 1 : 문제 제시하기
　－창의적인 문제의 성격이나 주제에 따라 적절한 인원(3~6명 정도)으로 팀을 구성한다. 팀의 사회자를 정한다.

단계 2: 문제 진술과 분석하기
　－주어진 문제에 대해 재진술해 보면서 문제에 대해 분석을 한다.

단계 3: PMI 작성하기
　－주어진 문제를 해결하기 위한 아이디어나 해결 방법을 생각해 본다. 좋은 아이디어를 몇 개를 선정하여 각각 PMI 순서대로 P(Plus)는 제시된 아이디어의 강점이나 좋은 점, M(Minus)는 제시된 아이디어의 약점이나 나쁜 점, I(Ineresting)은 제시된 아이디어에 대하여 흥미롭다고 생각하는 점을 작성한다.

단계 4: 문제해결 적용하기
　－PMI 결과를 비교하며 최종적으로 문제해결 방법으로 도출하고 실제 문제장면에 적용해 본다.

2) 활동의 예시

| 활동 2-9 | PMI | |

활동목표	PMI 방법을 활용하여 창의적으로 문제를 해결할 수 있다.

문제		지방소멸과 지역인구 감소 방안 어떻게 해결할 수 있을까요?		
아이디어		P (좋은 점)	M (나쁜 점)	I (흥미로운 점)
1	결혼 후 전입신고 시 1억 원을 지급한다.			
2	관광객이나 현지인이나 누구나 시내버스를 무료로 이용한다.			
3				
최종 문제해결방안				

진행절차

1. 팀을 구성한다.

2. 제시된 문제에 아이디어를 제시한다.

3. 제시된 아이디어에 대해 각각 P, M, I를 작성한다.

4. 아이디어별 PMI 결과를 비교하며 최종적으로 문제해결방안을 도출하여 정리한다.

제2부 창의적 문제해결의 도구

11
SWOT

1. 개념

SWOT 기법은 1960년대 Albert S. Humphrey가 강점(Strength), 약점(Weakness), 기회(Opportunity), 위협(Threat)의 각각 첫 글자를 조합하여 이름을 붙인 창의적 분석 방법이다. 제시된 문제나 문제 상황에 대해 강점과 약점, 기회와 위협 요소를 분석하고 문제해결 방법을 위한 매트릭스를 만들어 창의적으로 문제를 해결하는 방법이다.

2. SWOT 방법

SWOT 분석은 해결해야 할 문제에 대해 강점(Strength), 약점(Weakness), 기회(Opportunity), 위협(Threat)의 4가지 측면에 대해 분석을 한다. 다음 〈표 2-2〉 SWOT 분석표 예시를 활용할 수 있다.

〈표 2-2〉 **SWOT 분석표 예시**

문제: K-전기차 경쟁력

S(강점)	W(약점)
• 민첩한 전동화 전략 • HW, SW 역량 밸런스 • 가격 대비 가치 탁월	• 배터리 내재화를 할 수 없음 • 노조 이슈로 전기차 전환 차질 • 포기 어려운 내연기관 밸류체인
O(기회)	T(위협)
• 미국 시장의 낮은 전기차 침투율 • 아세안 시장의 EV 성장 잠재력 • 인도의 중저가 EV 시장	• 테슬라, 비야디 등 강력한 경쟁자 • 미국 자국 전기자 보호주의 • 중국 시장 내 흐릿한 존재감

출처: 매경이코노미(2023).

SWOT 분석 후 〈표 2-3〉처럼 SWOT 매트릭스를 만들어 문제해결 전략을 작성한다. S-O 전략은 강점을 활용하여 기회를 잡을 창의적인 방법을 생각해 보는 것이며, S-T 전략은 강점을 활용하여 위협을 피할 수 있는 창의적인 방법을 생각해 보는 것이다. W-O 전략은 약점을 극복하여 기회를 잡을 창의적인 방법, W-T 전략은 약점을 극복하고 위협을 줄이는 창의적인 방법을 생각해 본다.

〈표 2-3〉 **SWOT 전략 예시**

문제: K- 전기차 경쟁력

	S(강점)	W(약점)
O(기회)	S-O 전략: 미국, 아세안, 인도 시장에 가격 대비 가치가 탁월한 저가 K-전기차 모델 개발	W-O 전략: 저가 K-전기차 모델 구매 고객(20~30대)에게 맞는 라이프 스타일을 제공하여 구매 욕구 높임

| T(위협) | S-T 전략:
미국, 아세안, 인도 지역에 유명한 K팝 스타를 K-전기차 홍보 모델로 선정해 광고 | W-T 전략:
미국, 아세안, 인도 지역 내 K-전기차 시승 및 체험존을 운영하여 테슬라, 비야디 등과 차별화 전략으로 시장 확대 |

3. 활동의 전개

1) 단계별 활동

SWOT의 진행방법은 해결해야 할 문제를 제시하고, 문제해결의 아이디어를 제시한다. 각 아이디어에 대한 S(강점), W(약점), O(기회), T(위협)을 작성한다. SWOT 매트릭스를 활용하여 S-O, S-T, W-O, W-T 전략을 수립하여 문제해결 아이디어를 결정한다.

단계 1: 문제 제시 및 분석하기
- 창의적인 문제의 성격이나 주제에 따라 적절한 인원(3~6명 정도)으로 팀을 구성한다. 주어진 문제에 대해 자료 수집 및 분석을 한다.

단계 2: SWOT 분석하기
- 주어진 문제에 대해 강점(Strength), 약점(Weakness), 기회(Opportunity), 위협(Threat)의 4가지 측면 분석을 한다.

단계 3: S-O, S-T, W-O, W-T 전략 세우기
- SWOT 분석을 토대로 S-O, S-T, W-O, W-T 전략을 세운다.

단계 4: 문제해결 적용하기
- SWOT 전략을 토대로 최종적으로 문제해결 방법으로 도출하고 실제 문제장면에 적용해 본다.

2) 활동의 예시

활동 2-10	**SWOT**	

활동목표	SWOT 방법을 활용하여 창의적으로 문제를 해결할 수 있다.

문제: 효과적인 팀플 전략은 무엇인가?

팀플 S(강점)	팀플 W(약점)
. . .	. . .
팀플 O(기회)	팀플 T(위협)
. . .	. .

문제: 효과적인 팀플 전략은 무엇인가?

	S(강점)	W(약점)
O(기회)	S-O 전략:	W-O 전략:
T(위협)	S-T 전략:	W-T 전략:

진행절차

1. 팀을 구성한다.
2. 제시된 문제의 강점, 약점, 기회, 위협을 작성한다.
3. 제시된 문제의 S-O, W-O, S-T, W-T 전략을 작성한다.
4. 제시된 문제에 대해 최종적으로 문제에 대한 해결안을 정리한다.

제 3 부

인간중심 디자인싱킹 모형 프로세스의 개념과 활용

전략적 모호함: 진정으로 제대로 된 솔루션을 찾기 원한다면, 셀 수없이 다양한 가능성의 모호함을 즐겨야 한다.

- Patrice Martin, IDEO 크리에이티브 디렉터

디자인싱킹(Design thinking)은 '디자이너가 생각하는 방식으로 문제를 해결하는 방법'을 의미하며, 혁신적인 디자인 기업인 IDEO의 대표적인 방법론이다. 이 방법론은 지난 10년간 미국에서 크게 유행한 용어이며, 디자인업계만이 아니라 기업에서 문제를 해결하는 데 사용하는 방법론으로 교육계에도 큰 반향을 일으키고 있다. 디자인싱킹이란 인간중심의 디자인 방법론으로, 사람을 중심으로 생각하여 현재의 상황을 더 나은 상황으로 바꾸는 창의적 문제해결방식을 말한다(정병익, 2019). 우리나라에서도 2015년 이후 디자인싱킹을 적용한 수업모형이 급속하게 늘어나고 있으며, 교육현장에서 학생들의 자기주도성을 높이고 핵심역량을 신장시키는 창의적 수업 모형으로 그 인기가 높아지고 있다.

12

디자인싱킹의 개념과 발달 과정

1. 디자인싱킹의 개념

디자인싱킹(Design Thinking)은 혁신과 창의성의 아이콘으로 다양한 영역에서 언급되며 큰 주목을 받고 있다. 원래 디자인싱킹은 전문적인 디자인의 결과물 도출을 목적으로 디자인의 아이디어 기획과정에서 활용되는 일종의 방법론이다(전서영, 2020). 즉, 실제 디자이너들이 디자인 과정에서 문제를 해결하던 창의적인 전략으로서 공감에 기반하여 문제를 숙고하고, 문제를 좀 더 폭넓게 해결하기 위해 사용하던 접근법이다(Brown, 고성원 역, 2010). 따라서 디자인싱킹에서 '디자인'은 '단순히 제품이나 서비스를 보기 좋게 설계하거나 꾸미다.'와 같은 사전적 의미를 넘어, 어떤 문제에 대해 광범위하고 엉뚱하기까지 한 다양한 대안을 찾는 확산적 사고와 현실적인 대안을 만드는 수렴적 사고를 반복 사용하여, 문제에 대해 '더 좋은 결과를 위해 고객 중심의 집단적 성찰로써 창의적으로 해결한다.'라는 의미를 가지고 있다(Martin, 2009).

최근의 디자인싱킹은 집단 내에서의 공감과 협업, 그리고 타인에 대한 이해로써 문제해결의 영감을 얻는 창의적인 아이디어 발상 시스템으로 볼 수 있다. 이런 관점에서 디자인싱킹은 창의적 문제해결 과정 가운데 하나의 전략이라고 할 수 있으며, 집단 창의성의 과정이라고 볼 수 있다(김선연, 2019; 이선영, 윤지현, 강성주, 2018).

이런 디자인싱킹의 개념이 어떤 과정으로 발달하였는지, 어떤 프로세스로 가지고 진행되는지, 디자인싱킹이 기존의 문제해결 프로그램과 어떤 공통점과 차이점이 있는지를 중심으로 알아보고자 한다.

2. 디자인싱킹의 발달 과정

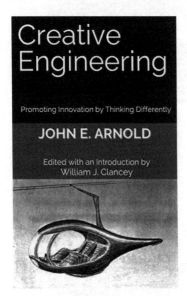

[그림 3-1] John E. Arnold의 저서

출처: Arnold (2016).

디자인싱킹은 1959년 John E. Arnold가 쓴 『Creative Engineering』이라는 책에서 처음 등장하게 되는데, 이 책에서 디자인싱킹은 제품 개발자에게 ① 새로운 기능 ② 솔루션의 높은 성능 수준 ③ 생산 비용 절감 ④ 판매 가능성의 증가와 같이 디자인싱킹의 4가지 영역을 구별하여 서술하였다(한국과학창의재단, 2019). 이후 디자인싱킹은 하나의 방법론으로 발전하게 되는데, 디자인싱킹의 방법론은 인간에 대한 이해와 기술적인 혁신을 목적으로 수행하는 것으로부터 시작되었다. 인지과학자이자 1978년 노벨경제학상 수상자인 Herbert A. Simon은 경제학 외에도 정치학, 경영학, 조직학, 인지과학, 컴퓨터과학 등 다양한 분야를 연구했으며, 이 모든 분야에서 중요한 영향을 미쳤을 정도로 다재다능한 르네상스적 인물이었다(LETR WORKS, 2021). 1969년 그의 저서 『인공학의 과학(Sciences of the Artificial)』에서 디자인을 과학이나 사고방식으로 처음 언급하였으며 디자인을 하나의 과학으로 정리하고자 시도한 최초의 학자로, 그의 디자인 개념은 학자들 사이에서 가장 많이 인용되고 있다. 그는 디자인을 자연학과 대비되는 인공학의 영역에 포함하고 인공물을 만드는 엔지니어는 물론이고 행정가나 회사원, 심지어는 약사까지도 '창조활동'을 하고 있다는 점에서 모두 디자이너라고 봤다. 이런 의미에서 Simon은 디자인을 학문과 철학의 두 차원에서 접근한 선구적 인물로 평가할 수 있다(조성환, 김경묵, 2017).

이후 1973년 디자인 엔지니어 Robert H. McKim이 『비주얼 싱킹의 경험(Experiences in Visual Thinking)』을 이야기했으며, 1984년 영국 셔필드 대학교의 Bryan Lawson(1984)은 '디자이너는 어떻게 생각하는가?(How designers think?)'로 과학자와 디자이너를 비교하는 실험을 시도하였다. 제품디자이너와 과학자들의 문제해결 과정을 비교한 결과, 과학자들은 문제를 조직적으로 이해하려고 시도하고 그 안에서 무엇인가 해결책을 제공할 만한 단서를 얻기 위해서 어떤 법칙을 찾으려고 하는 반면, 디자이너들은 문제에 대한 기초적 탐구를 한 후 여러 가지의 그럴듯한 전략을 나열하기 시작했으며 그 작업이 좋다고 생각될 만한 아이디어가 나올 때까지 계속 진행한다는 것을 발견하였다. 이 실험을 통해서 디자이너들은 종합적 사고방식을 가진 반면, 과학자들은 분석적 사고방식을 가졌다는 것을 알 수 있었다. 그의 실험으로 기존 공학적 설계를 넘어선 디자인싱킹의 필요성이 제기된다.

1987년 Rowe Peter, G.의 『디자인싱킹(design thinking)』에서 디자인싱킹에 대한 구체적인 개념이 언급되었다. 하버드 대학교의 도시 디자인 프로그램 책임자였던 Rowe Peter, G.는 디자인싱킹을 고객과 일체화된 '장(場)'에서 직관과 상호작용을 통해 모든 개별·구체적 요소의 관계성을 도출한 후 그 요소들을 시공간 속에 역동성 있게 조직화(형태화)하는 과정이라 정의하며 디자인싱킹이 모두에게 필요할 것이라고 주장하였다(전서영, 2020). 이를 바탕으로 수십 년 동안 디자인싱킹의 틀과 다양한 이론들이 정립되었다. 이후 1990년대에 디자인싱킹은 미국의 디자인 혁신 기업인 아이디오(IDEO)와 스탠포드 디 스쿨(Stanford d. school)과 독일의 하소 플래트너 디자인 연구소(Hasso Plattner Institute of Design)를 통해서 전 세계적으로 확산되기 시작하였다.

1) 디자인 혁신 기업 IDEO의 발전 과정

IDEO는 미국의 디자인 혁신기업이다. 창업자인 David Kelley가 1991년에 세운 디자인 회사 DKD(David Kelley Design)는 디자인 매트릭스(Design Matrix)와 아이디 투(ID Two)를 합병하여 IDEO를 세웠다. IDEO의 최고경영자였던 Tim Brown은 문제해결 방식으로서의 디자인싱킹을 강조한다. 그는 디자인적 사고란 '소비자들이 가치 있게 평가하고 시장의 기회를 이용할 수 있으며 기술적으로 가능한 비즈니스 전략에 대한 요구를 충족시키기 위하여 디자이너의 감수성과 작업 방식을 이용하는 사고방식'이라고 설명한다(우영진 외, 2018).

지금까지의 디자인이 과거에 이미 기획된 제품을 어떻게 예쁘게 포장할지의 영역이었다면, 디자인싱킹에서 규정하는 디자인의 역할은 문제를 정의하고 해결하는 것에서 시작해 그 관여 범위가 매우 넓게 펼쳐진다. 즉, 기존의 문제해결 방법과 비교할 때, 디자인싱킹 과정은 소비자 관점에서 생각하고, 통합하고, 시제품을 제작하며, 그 시제품에 대한 피드백을 받아 활용한다. 기획 단계부터 고객, 디자이너, 공학자, 기획자 등이 함께 참여하고, 교차 분야 협업(cross-sector collaboration)을 지향하기 때문에 융·통합적 성격이 강하다(한국과학창의재단, 2020).

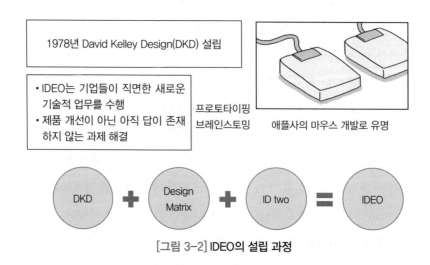

[그림 3-2] IDEO의 설립 과정

2) 스탠포드 디 스쿨의 디자인협동과정

IDEO 창업자인 David Kelly는 SAP 회장인 Hasso Plattner와 디자인싱킹의 중요성에 대해 의견을 같이하고 SAP으로부터 투자를 받아 스탠포드 디 스쿨을 설립한다. 스탠포드 디 스쿨은 경영학 혹은 법학 전문 대학원처럼 학위를 제공하는 과정이 아니라 학내 모든 학생에게 교양수업을 제공하는 디자인싱킹 관련 수업을 개설한다. 스탠포드 디 스쿨은 디자인 이론들을 교과서 및 수업 자료로써 배우는 수업이 아니라, 학기 동안 여러 외부 기관들(예: 인근 고등학교, 실리콘밸리 스타트업 등)이 실제 가지고 있는 문제들을 디자인싱킹 프레임워크를 적용하여 해결하는 현장 중심의 교육을 한다. 스탠포드대학교의 대학교수, IDEO 디자이너, 실제 기업에 종사하는 실무진들이 코칭 팀으로 수업에 참여하여 프로젝트에 대한 피드백을 제공하고, 그 과정에서 핵심 이론들을 설명하고 교육한다. 즉, IDEO의 현직 디자이너들이 스탠포드 디 스쿨의 강사로 활약하고 스탠포드 디 스쿨에서는 우수인력을 양성하여 IDEO에 공급하는 선순환체제가 구성되어 있다.

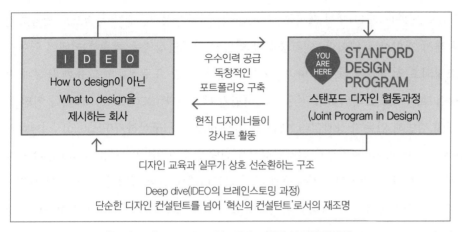

[그림 3-3] IDEO와 스탠포드 디 스쿨의 상호협력 관계

3. 디자인싱킹의 모형

1) IDEO 3I Model

　혁신적인 디자인 컨설팅 기업인 IDEO는 디자인싱킹을 적극적으로 활용하는 것으로 잘 알려져 있다. IDEO의 공동 CEO인 Tim Brown은 디자인 사고란 '소비자들이 가치 있게 평가하고, 시장의 기회를 이용할 수 있으며, 기술적으로 가능한 비즈니스 전략에 대한 요구를 충족시키기 위하여 디자이너의 감수성과 작업방식을 이용하는 사고방식'이라고 설명한다. 즉, 디자이너가 어떤 문제에 대해 다양한 대안을 찾는 확산적 사고와 선택한 대안을 현실에 맞게 다듬는 수렴적 사고를 반복하고, 문제를 분석적 및 직관적 사고로 접근하는 통합적 사고를 한다는 것이다(우영진 외, 2018).

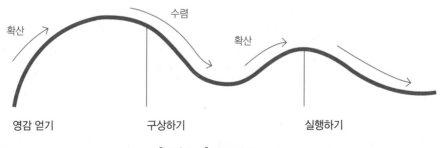

[그림 3-4] IDEO 3I Model

출처: IDEO (2014).

IDEO(2008, 2014)에서 제시한 3I Model은 디자인싱킹을 교육목적으로 활용하기 위해서 개발한 모델이다. 인간중심 방법론인 디자인싱킹을 적용하는 데에 있어서 고정되고 정형화된 과정을 따라가기는 어렵다. 개별 프로젝트의 고유한 특징과 맥락을 효과적으로 파악하고 적용하기 어렵기 때문이다(IDEO, 2018). 그러나 어떤 문제에 직면해 있든지 상관없이 '영감 얻기(Inspiration)' '구상하기(Ideation)' '실행하기(Implementation)' 과정으로 디자인싱킹을 진행할 수가 있다([그림 3-5] 참조). 각 단계에서 문제에 당면해 있는 사람들과 관련 커뮤니티에 깊이 공감하게 되고, 그 과정에서 얻은 영감과 정보를 새로운 아이디어로 발전시키고, 이를 반복하여 실험하면서 구체적이고 효과적인 해결책을 도출할 수 있다.

IDEO와 IDEO.org[1]는 디자인싱킹을 활용해 광범위한 주제의 사회문제를 다루어 오고 있는데, 의학용 도구 개발, 커뮤니케이션 캠페인 기획, 사회적 기업 설립에 이르기까지 디자인싱킹은 주제와 상관없이 창의적 문제해결 방법론으로 중요한 역할을 해 오고 있다. IDEO 3I 모델의 단계별 내용은 〈표 3-1〉과 같다.

〈표 3-1〉 IDEO 3I Model과 단계별 내용(IDEO, 2018)

IDEO 3I Model	내용
영감 얻기(Inspiration)	[문제와 기회 발견] 이 단계에서는 문제 당사자와 이해 관계자를 더욱 깊게 이해하는 방법을 배운다. 맥락과 현장을 구체적으로 관찰하고, 문제 당사자 또는 수혜자의 바람과 필요를 적극적으로 듣는 과정을 통해 진짜 집중해야 할 문제가 무엇인지 명확히 이해하게 된다.
구상하기(Ideation)	[아이디어 도출 및 개발] 이 단계에서는 그동안 관찰하고 느낀 사람들의 이야기와 행동을 바탕으로 다양한 아이디어를 도출한다. 여러 아이디어 중 해결책이 될 만한 아이디어를 가려내기 위해 다양하게 시도한다.
실행하기(Implementation)	[프로젝트 구현] 이 단계에서는 해결책이 될 만한 아이디어 중 가장 잠재력이 큰 아이디어를 시범적으로 실행한다. 이를 통해 지속 가능하며 최고의 효과를 낼 수 있는 해결책에 대한 단서를 얻을 수 있다.

---

1) IDEO.org는 가난하고 굶주린 사람들을 위한 서비스와 제품을 디자인하고 그들의 삶의 문제를 해결할 수 있는 다양한 프로젝트를 진행하는 조직이다.

[그림 3-5] IDEO의 디자인싱킹 주제 선정

출처: IDEO (2018).

IDEO에서는 해결해야 할 문제를 설정함에 있어서 '진정한 임팩트 만들기'에 주목하고 있다. 인간중심 방법론 디자인싱킹은 문제의 당사자나 수혜자의 실제 필요성, 문제해결을 위한 기술의 실현 가능성, 문제해결 과정의 지속 가능성을 모두 포함한 해결책을 찾는 데 유용하다. 실제 필요성이란 문제 당사자의 희망, 두려움, 욕구 등을 토대로 충족되지 못한 가장 실제적인 필요를 발견하게 해 주는 디자인싱킹의 첫 번째 렌즈이다. 디자인싱킹의 두 번째 렌즈인 실현 가능성은 문제 당사자나 수혜자의 실제 필요를 해결하는 아이디어 중 기술적으로 실현 가능한 것이 무엇인지를 면밀히 검토하게 한다. 디자인싱킹의 세 번째 렌즈인 지속 가능성은 구체화한 아이디어 중 지속할 수 있는 해결책에 주목하게 된다(IDEO, 2018).

디자인싱킹은 수많은 문제해결접근법과는 다르다(엠와이소셜컴퍼니, 2018). 디자인싱킹은 시행착오를 거듭해 가면서 발전해 나간다. 우선 작은 것부터 빠른 실행을 하고 테스트와 개선을 통해서 점차 좋은 해결책을 찾아 나간다. 그러므로 디자인싱킹을 하는 이들은 실패를 두려워하지 않는다. 빠른 실패야말로 더 좋은 해결책을 찾기 위한 과정들이라고 보기 때문이다. 올바른 해결책은 올바른 질문을 탐구해 나가는 과정에서 나오는데, 그것은 문제 당사자와의 끊임없는 공감활동을 통해 이루어진다. 따라서 잘 구현된 디자인싱킹은 그 누구도 생각하지 못했던 결과를 이끌어 낼 수 있다. 따라서 IDEO에서는 디자인싱킹이 다른 문제해결과 구별되는 특징을 다음과 같이 진술하고 있다. ① 공감적 사고, ② 낙관적 인식, ③ 반복적 개선, ④ 창의적 자신감, ⑤ 시각적 실체화, ⑥ 전략적 모호함, ⑦ 실패로부터의 학습이다.

2) 스탠포드 디 스쿨의 5단계 모형

이상의 IDEO의 디자인싱킹 모형과 더불어 가장 많이 활용되고 있는 것이 스탠포드 디 스쿨의 5단계 프로세스이다([그림 3-6] 참조). 이 모형은 공감하기, 정의하기, 아이디어 도출, 프로토타입 구현하기, 테스트하기로 이루어진다.

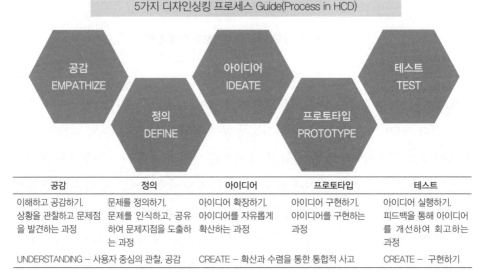

[그림 3-6] **스탠포드 디 스쿨의 5단계 모형**

출처: https://static1.squarespace.com/static/57c6b79629687fde090a0fdd/t/5cb7a0d2a4222f91d39d17ca/1555538131284/dschool_ProcessHexDiagram_Tool_Behaviors_final_2019.png

스탠포드 디 스쿨 모형의 특징을 보면, 인간 가치를 중심으로 사용자를 이해하고 공감하기, 혁신 아이디어 도출 과정에 집중하기, 모든 것에 궁금증 가지기, 친근하지 않은 것에 호기심 가지기, 모호한 것에 편안한 마음가짐으로 접근하기, 단순히 관찰하고 경험하기, 섣불리 판단하지 않기, 말에 앞서 시각적인 것을 사용하여 경험 및 비전에 대해 소통하기, 복잡한 문제에서 벗어나 일관된 비전 제시하기, 아이디어 도출을 위해 방법을 명확히 하기, 다양한 배경과 다양한 관점을 가진 모둠원으로 구성하기, 다양성으로부터 통찰과 해결책 찾기 등이 있다(이지혜, 2021).

이러한 특징들은 대개 창의성 발휘 과정에서 경험하는 것과 같다. 그러므로 스탠포드 디 스쿨의 디자인싱킹 역시 창의성을 창의적 문제해결 과정과 같이 일종의 기법

〈표 3-2〉 Standford d. School의 디자인싱킹 5단계 프로세스와 활용 기법

*DT 단계		활동 내용	
공감 (Empathize)	사용자 이해 및 통찰	• 인터뷰(Interviews) • 이해(Seek to understand) • 평가 혹은 판단하지 않는 태도(Non-judgemental)	• 관찰(Shadowing)
문제 정의 (Define)	문제 및 공동의 목표 정의	• 페르소나(Persona) • 불편 사항(Pain Points) • 결정(Decisions)	• 목표 설정(Role objectives) • 과제(Challenges)
아이디어 도출 (Ideate)	아이디어 및 해결책 생성	• 아이디어 공유(Share ideas) • 모든 아이디어의 가능성 열어 두기(All ideas worthy) • 확산/수렴(Diverge/Converge)	• 우선순위 결정(Prioritize) • "Yes and" thinking
프로토타입 (Prototype)	아이디어 및 해결책을 제작, 가시화	• 목업(Mockups) • 단순하게(Keep it simple) • 빠르게(Fall fast)	• 스토리보드(Storyboards) • 반복적으로(Iterate quickly)
테스트 (Test)	검토 및 의사결정	• 문제점 이해하기(Understand impediments) • 무엇이 효과적인가?(What works?) • 역할극(Role play)	 • 빠르게 반복하기 (Iterate quickly)

이며, 집단이 활용할 수 있는 집단 창의성 모델이라고 할 수 있다. 국내의 많은 디자인싱킹 관련 연구들이 스탠포드 디 스쿨의 프로세스를 따르는 이유도 여기에 있다고 할 것이다(이지혜, 2021). 각 단계별 활동 목표와 활용 기법에 대해서는 개요만 제시하였다(〈표 3-2〉 참조).

4. 디자인싱킹과 창의적 문제해결의 공통점과 차이점

디자인싱킹 이전에도 창의적 문제해결 접근법과 프로그램은 이미 있었다. 그렇다면 기존의 창의적 문제해결 접근 방법과 디자인싱킹은 어떤 공통점과 차이점이 있는 것인가? 두 방법 모두 문제 인식 그 자체에만 집중하는 것이 아니라, 그 문제를 소유한 인간의 요구를 공감함으로써, 문제해결에 접근하는 것이 특징이다. 그러므로 도출된 문제해결방안의 적합성을 높이고, 최적의 아이디어를 문제를 소유한 인간의 관점에서 평가함으로써, 산출물 혹은 시제품의 적정성을 높이는 절차로서 규정한다는

〈표 3-3〉 **디자인 기반 접근 방법과 문제해결의 비교**

디자인싱킹 접근 방법	문제해결 방법
요구 또는 기회를 확인하기	문제를 정의하거나 명료화하기
인간에 대한 공감적 이해	창의적이고 대안적인 해결방안을 찾기
하나의 아이디어를 선택하고 만들거나 모델링하기	최적의 해결방안을 실행하기
만든 제품을 평가하기	최적의 해결방안을 평가하기

출처: McCormick (2002).

측면에서 공통점을 가지고 있다(한국과학창의재단, 2020).

디자인싱킹의 대표적인 모델인 IDEO와 스탠포드 디 스쿨의 단계와 G. Wallas의 창의적 사고 과정, 창의적 문제해결 과정 모형을 비교하면 [그림 3-7]과 같다. 이 그림을 보면서 공통점과 차이점을 다음과 같이 정리할 수 있다.[2]

1) 디자인싱킹과 창의적 문제해결의 공통점

디자인싱킹과 창의적 문제해결 과정의 공통점은 다음과 같다.

- 첫째, '문제를 발견하고 문제를 정의'하는 단계가 있다.
- 둘째, '아이디어 발상' 단계가 있다.
- 셋째, 모두 창의적 문제해결을 목표로 한다.
- 넷째, 확산적 사고와 수렴적 사고를 균형적으로 사용한다. 이를 테면 가능한 한 많은 아이디어를 내고, 이 중에서 가장 바람직한 것을 고르는 행위를 반복적으로 사용한다.
- 다섯째, 브레인스토밍이 주요 기법이다. 아이디어를 내놓을 때는 비판하지 않는다.

---

2) 경남대학교 창의교육거점센터(2019~2022)는 한국과학창의재단의 지원으로 3년간 디자인싱킹을 활용한 창의적 문제해결력 프로그램 개발과 적용 연구를 수행하였으며, 이 책에서는 공동연구원 하주현이 정리한 내용을 인용함.

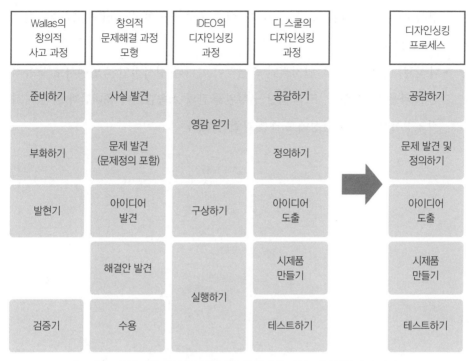

[그림 3-7] **창의적 사고 과정, 창의적 문제해결 과정, 디자인싱킹의 과정**

2) 디자인싱킹과 창의적 문제해결의 차이점

디자인싱킹과 창의적 문제해결 과정의 차이점은 다음과 같다.

- 첫째, 디자인싱킹은 집단 활동을 전제로 하나 창의적 문제해결 과정은 집단학습 상황을 전제로 한 것이 아니기 때문에, 개인이 할 수도 있고 팀이 할 수도 있다.
- 둘째, 디자인싱킹은 사람의 행동을 관찰하고, 사람의 요구를 위주로 탐색한다. 즉, 고객의 입장에서 공감하고 무엇이 가장 필요한지에 주목하지만, 창의적 문제해결은 주어진 문제에 대해 조사를 하며, 데이터 자료를 탐색한다.
- 셋째, 디자인싱킹은 지속적인 팀 활동을 통해 아이디어를 제시하고 개선하지만, 창의적 문제해결은 가장 좋은 문제를 고르고, 그 문제를 해결할 수 있는 아이디어를 나열하고, 해결할 수 있는 준거를 골라 평가한다.
- 넷째, 디자인싱킹은 시제품을 만들고 실제 눈에 보이는 결과물로 문제해결을 할 수 있으나, 창의적 문제해결은 개념적인 문제해결에 멈춘다. 그러므로 디자인싱

킹이 창의적 문제해결보다 더 현실성이고 구체적인 창의성 신장 교육방법이라고 예상된다.

- 다섯째, 디자인싱킹은 인지적인 측면만이 아니라 정서적인 측면에서도 교육적인 효과를 볼 수 있다. 또한 집단 구성원들 간의 소속감이나 유대감과 같은 사회적 · 정서적 공감대 형성에 효과를 가질 수 있다.

우리 회사에서는 모두가 디자이너, 이것이 '혁신적 애플을 키운 힘'

애플의 수석 디자이너였던 Mark Kawano는 "(애플에서는) 모두가 디자이너"라고 말했다. 엔지니어를 비롯한 모든 직원이 디자인을 생각하고 디자이너처럼 사고한다는 의미다. 그는 조직 전체에 배어 있는 디자인 문화가 지금의 애플을 만들었다고 말했다. 키와노의 이 한마디는 애플에 대한 기존의 해석이 간과했던 부분을 들춰 낸다. 종래에 애플을 논했던 사람들은 아이패드와 아이폰 시리즈가 등장할 때마다 '혁신적 디자인'이라는 찬사를 보내고, 사과 모양의 애플 로고 속에 담긴 디자인에 주목하기도 했다. 하지만 정작 "애플에게 디자인이란 무엇인가"를 근본적으로 물은 사람은 없었다. 애플의 디자인을 '동사'가 아닌 '명사'로 이해했기 때문이다. 애플 디자인에 대한 해설과 분석이 넘쳐 나지만 정작 애플이 추구한 '디자인 정신'의 실체는 해석되지 않았다.

애플에서 디자인이 차지하는 독특한 위상은 애플이 사용하는 문구 'Designed by Apple'에서 확인할 수 있다. 2016년, 애플은 지난 20여 년 동안 만든 제품들을 총망라한 사진집을 출간했는데 이 책의 제목은 『Designed by Apple in California』였다. 'Made by Apple'이 아니라 'Designed by Apple'이라는 데 주목하자. 이 제목은 애플이 자신의 상품을 '만드는(making)' 제조 회사가 아니라 '새로운 의미를 부여하는(designing)' 디자인 회사로서 인식하고 있음을 보여 준다. 실제로 유튜브에 소개된 이 책의 영상광고는 "We're a small design team"이라는 말로 시작한다.

이 짧은 광고에는 'design'과 함께 'idea'와 'create'라는 단어가 모두 13차례나 나온다. 이 단어들의 빈도수는 애플이 궁극적으로 추구하는 바가 무엇인지를 말해 준다. 아울러 그들이 말하는 디자인이다. 그들은 단순히 외형적인 아름다움이나 기능적인 단순함을 디자인하는 데 만족하지 않고 '새로움' 그 자체를 디자인 하는 것을 궁극적인 목표로 삼고 있다. (이하 생략)

출처: 조성환, 김경묵(2017).

디자인은 기업의 가치를 높이는 핵심 요인이다

디자인을 단순한 외향 꾸미기 차원으로 해석하는 것은 마치 캠핑에서 모닥불을 피우는 이유가 오직 추위를 막기 위함 외에는 없는 것으로 이해하는 것과 같은 이치라 할 수 있다. 애플사의 경영자였던 Steve Jobs는 디자인(Design)과 관련하여 다음과 같은 말을 남겼다. "많은 사람들이 디자인은 무엇인가에 대해 생각할 때 실수를 하게 되는데, 상자를 건네받은 디자이너에게 '그저 보기 좋게 만들어 봐'라고 말하듯 디자인이란 그저 겉치장에 불과하다고 생각한다. 하지만 우리는 디자인이 그런 것이라 생각하지 않는다. 디자인은 바로 어떤 제품이 작동하는 방식이거나 또는 제품의 효용성을 높이는 것이라 할 수 있다." Jobs의 이 말은 애플사에서 디자인을 어떤 측면에서 접근하는가에 대한 것이다. 그러나 Jobs 본인의 영향력은 물론 애플사가 경제 전반에 미치는 파급력을 고려할 때, 현시대를 사는 디자이너들이 제품이나 서비스를 디자인할 때 어떠한 생각을 바탕으로 업무에 임하는지를 단적으로 이해할 수 있는 대목이라 할 수 있다. 이러한 디자인 원칙을 전략과 혁신에 적용할 경우, 이를 통한 사업 성공률이 크게 향상된다는 것이 실례로 확인되기도 하였다. 애플, 펩시, IBM, 나이키, P&G 및 SAP사와 같은 디자인 주도 기업은 Design Management Institute가 만든 2015년 디자인 가치 지수에 따라 10년 동안 S&P 500보다 211% 높은 성장률을 나타냈다. 두 배 이상의 가치 상승 차이는 논란의 여지없이 유의미한 결과였으며, 디자인에 상대적으로 큰 관심을 두지 않던 기업들에게 이러한 소식은 충격이었다. 따라서 경영 전반에 있어 디자인 요소에 대한 고려는 필수 사항이 되었고 그 중요도 또한 확고해졌다고 할 수 있다.

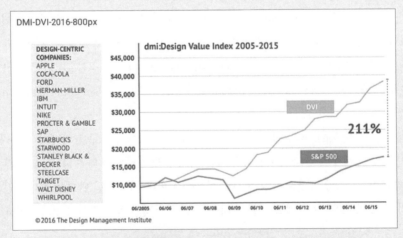

[그림 3-8] 국제 신용평가기관인 미국의 Standard & Poors(S&P)에서
500개의 대형기업 주식의 주가 평가 지수

출처: https://www.dmi.org/page/DesignValue

대학 수준의 혁신적인 교육과 연구를 지향하는 새로운 교육과정: 스탠포드 디 스쿨의 디자인싱킹

IDEO 창업자인 David Kelley는 SAP 회장, Hasso Plattner와 디자인싱킹의 중요성에 대해 대화를 나누면서, SAP으로부터 투자를 받아 스탠포드 디 스쿨을 설립하였다. 스탠포드 디 스쿨은 경영학 혹은 법학 전문 대학원처럼 학위를 제공하는 과정이 아닌, 대학 내 모든 학생에게 교양수업을 제공하고, 디자인싱킹 관련 수업을 개설하였다.

스탠포드 디 스쿨은 디자인 이론들을 교과서 및 수업 자료를 통해 배우는 수업이 아니다. 한 학기 동안 여러 외부 기관들(예: 인근 고등학교, 실리콘밸리 스타트업 등)이 실제 가지고 있는 문제들을 디자인싱킹 프로세스를 적용하여 해결하는 현장 중심의 교육을 진행한다. 스탠포드대학교의 교수, IDEO 디자이너(설계자), 실제 기업에 종사하는 실무진들이 코칭 팀으로 수업에 참여하며, 프로젝트에 대한 피드백을 제공하고 그 과정에서 핵심 이론들을 설명하고 교육한다(한국과학창의재단, 2020; IDEO, 2014).

스탠포드 디 스쿨은 혁신적인 아이디어 제품을 많이 개발하였는데, 가장 대표적인 제품으로 대학원생들이 개발한 Embrace를 소개한다.

• Embrace: 경제적으로 어렵거나 에너지가 부족한 지역의 갓난아기를 효율적으로 감싸 주는 infant warmer를 발명했다. 이는 전 세계 30만 아기들의 체온유지와 편안한 수면을 가능하게 한다.

〈Embrace〉 대표적인 스탠포드 디 스쿨의 학생 시제품

출처: https://extreme.stanford.edu/projects/embrace/ (2023. 05. 29. 인출)

• Pulse news: UI/UX를 바탕으로 뉴스 읽기 애플리케이션을 개발. Steve Jobs가 꼭 있어야 할 앱이라고 추천한 실리콘밸리의 성공적인 창업사례이다.

Pulse news

출처: https://techcrunch.com/2010/05/31/pulse-ipad/ (2023. 05. 29 인출)

• Sap Scouting: 미국 SAP Apphaus팀과 샌프란시스코 미식축구팀이 플랫폼을 구축하여, 선수관리용
스카우팅 솔루션을 공동으로 개발한 것이다.

Sap Scouting

출처: https://www.youtube.com/watch?v=pwogEhOFzkU (2023. 05. 29. 인출)

하소 플래트너 디자인 연구소에서 제공하는 프로젝트 데이터베이스(https://extreme.
stanford.edu/projects1-database/)는 디자인싱킹 방법론을 실제로 적용한 다양한 프로젝트들
을 볼 수 있는 공간이다. 이는 교육적으로 활용하기에 좋은 사례이다.

13

디자인싱킹 프로세스의 개념과 활용

이 장에서는 스탠포드 디 스쿨 디자인싱킹 5단계 프로세스의 개념, 특징 그리고 각 단계에서 활용 가능한 기법을 소개할 것이다. 그러나 이 장에서 소개하는 것 외에 다양한 활용 기법이 존재한다는 점, 상황에 따라 활용 가능한 기법이 상이할 수 있다는 점, 그리고 어느 한 단계 프로세스에 국한된 활용 기법은 없다는 점에 유의해야 한다.

1. 공감하기: 요구 파악

대상에 대해 깊이 이해하는 단계이다. 디자인싱킹은 공감을 기반으로 한 인간중심 혹은 소비자중심의 문제해결 방법으로서, 공감은 디자인싱킹의 핵심이다. 공감하기 단계에서는 페르소나 설정, 인터뷰, 관찰 등의 방법을 활용하여 문제를 가진 사람(소비자)이 일상생활 속에서 경험하는 내면의 욕구와 동기를 공감 및 이해하여, 이를 문제해결에 반영한다.

직접 문제를 가진 사람을 관찰하고 소통하면서 그 사람의 경험에 몰입할 수도 있으나, 다른 한편으로 영상 자료 등을 활용하여 간접적으로 공감하기 활동을 진행할 수 있다([그림 3-9] 참조).

[그림 3-9] 영상 자료를 활용한 공감하기 활동

출처: 학생 개인 과제-관광약자도 즐기는 여행.

1) 공감하기의 활동 내용: 관찰, 소통, 몰입의 통찰

문제를 가진 사람(소비자)을 공감하고 이해하기 위해서 사람을 관찰한다. 문제에 대한 그 사람의 경험을 반영하는 말, 행동 혹은 기타 사항을 관찰하고 기록함으로써, 문제를 가진 사람의 생각, 감정, 요구에 대한 단서를 얻을 수 있다. 그리고 문제를 가진 사람과 직접 소통하고 상호작용하는 인터뷰를 통해서, 문제를 가진 사람의 신념과 가치를 보다 심도 있게 파악할 수 있다.

문제를 가진 사람의 경험에 몰입한다. 그 사람이 처한 특정 문제환경에 몰입함으로써, 문제를 가진 사람의 감정과 요구를 직접 파악할 수 있다. 그 결과, 인간중심 혹은 소비자중심으로 문제를 통찰하기 때문에, 이를 기반으로 도출한 문제해결방안 역시 사람과 해결방안의 접합점을 높이는 원동력이 된다.

2) 공감하기 활용 기법

(1) 페르소나 설정(활동 3-1)

페르소나(Persona)는 '가면'을 뜻하는 그리스어에서 유래되었으며, '외적 인격' 또는 '가면을 쓴 인격'을 의미한다. 영화계에서는 감독들이 자신의 영화 세계를 대변할 수 있는 대역이자 특정 상징을 표현하는 배우를 페르소나라고 한다.

디자인싱킹에서 페르소나는 문제를 가진 사람(소비자)을 대표하는 특정 인물을 말한다. 그러므로 구체적으로 페르소나를 정의하고 설정하여 실제 살아 움직이는 인물로 규정할 때, 문제를 가진 사람의 특징을 이해하고 공감을 형성하기 쉽다([그림 3-10] 참조).

한국을 방문한 외국인 관광객이라고 생각을 해 보자

한국 방문 횟수: 첫 방문
한국인 친구 수: 0명
좋아하는 것: 여행, 음식, 사진 찍는 것, 새로운 경험을 하는 것

여행 일정: 맛집 탐방, 카페 투어, 전통 음식 박물관 방문, 일일 요리 수업 방문

관광 중 불편한 점: 불편한 의사소통, 팸플릿에 설명 부족, 일일 요리 프로그램 부족, 음식 관광지의 한정적, 긴 이동 거리

다음 관광시 원하는 점: 자세한 설명 기재된 팸플릿 제공, 다양한 체험 프로그램 개발, 음식 관광지의 넓은 분포

[그림 3-10] **페르소나를 활용한 공감하기 활동**

출처: 학생 개인 과제-음식 관광 활성화 방안.

활동 3-1   페르소나 설정

문제를 가진 사람(소비자)을 대표하는 특정 인물을 정해서, 그 인물의 특징에 대해서 적어 봅시다. 그리고 페르소나의 특징을 공감해 봅시다. 제안한 페르소나 특징 외 다른 특징을 추가해서 페르소나 인물을 구체적으로 설정해 볼 수 있습니다.

	• 이름:	• 성별:
	• 직업:	• 나이:
	• ○○○	• ○○○
	• ○○○	• ○○○
	• 성격:	• ○○○

• 좋아하는 것:

• 싫어하는 것:

• 하루 일상:

• ○○○

• ○○○

• 하루 일상 중 예상되는 불편함/어려움:

• 기대사항/바라거나 원하는 것:

(2) 데스크 리서치(활동 3-2)

데스크 리서치(Desk Research)는 문제를 가장 손쉽게 발견하는 방법이며, 간접적인 방법(책상에서 컴퓨터 등을 활용)을 통해 문제 관련 분야에 대한 정보를 확인할 수 있다([그림 3-11] 참조).

사회	정치	문화	관광	경제
코로나로 인해 일자리를 잃은 노동자에 대한 정부의 구직 지원 및 소상공인들에 관한 지원 확대 검토 예정	일상화 전환에는 문제가 없는 것으로 판단, 방역체제의 전환, 격리 의무 해제, 실내 마스크 착용 해제 고려 등 '안착기' 전환 검토	비대면 문화, 온라인 쇼핑/배달 수요 급증 및 비대면 라이프 스타일 확대	관광객 유치를 위해 다양한 전략 수립 (새로운 관광상품, 가격 인하, 관광지 유치 및 보수) 설립	물리적 공간과 시간을 탈피한 경제 구조 형성, 온라인 쇼핑/배달 수요 급증 및 비대면 산업의 폭발적인 성장
보건/의료	국제	교육	환경	미래
인공지능(AI), 빅데이터 등 미래형 신산업 육성을 통한 경쟁력 확보에 집중하고, 백신 및 치료제 개발, 신/변종 감염병 대응을 위한 차세대 혁신 연구기술 등 코로나 19 이후 새롭게 발생할 수 있는 감염병 위기 극복을 위한 혁신 기술들에 대한 관심	코로나로 인한 손실 복구, 떨어진 금리 회복, 경제성장 수준	비대면이었던 수업들을 모두 전면수업으로 전환, 특히 유치원/초등학교 학생들을 대상으로 교육 강화 예정 및 디지털 이러닝 선도 국가	코로나로 인한 포장/배달 이용 인구 급증. 일회용품 사용 증가에 대한 환경오염 문제	메타버스에 집중하는 모습. 글로벌 컨설팅 업체인 프라이스워터하우스쿠퍼스 SMS 포춘이 선정한 500대 기업이 모두 메타버스 사업에 나서게 될 것으로 전망. 많은 부분이 기계화, 로봇화 진행

[그림 3-11] **데스크 리서치를 활용한 공감하기 활동**

출처: 학생 개인 과제-포스트 코로나 이후 관광 활성화 방안.

활동 3-2 **데스크 리서치**

문제에 대한 정보를 찾아봅시다. 그 문제를 정치, 경제, 사회 등의 분야에서는 어떻게 생각하고 바라보는지 정보를 다양하게 찾아 적어 봅시다. 제안된 분야 외 추가해서 정보를 찾아볼 수 있습니다.

〈정치〉	〈경제〉	〈사회〉
〈문화〉	〈교육〉	〈IT〉
〈역사〉	〈미래〉	〈국제〉
〈인물〉	〈방송〉	〈날씨〉
〈영화〉	〈환경〉	〈부동산〉
〈　　　〉	〈　　　〉	〈　　　〉

(3) 섀도잉(활동 3-3)

　섀도잉(Shadowing)은 그림자처럼 동행하면서 관찰하는 방법이다. 문제를 가진 사람(소비자)의 그림자가 되어, 행동과 경험을 직접 관찰하면서 문제가 발생하는 순간을 포착하고 해결의 실마리를 발견하는 활동이다. 섀도잉 기법을 활용하는 방법은 첫째, 그림자처럼 동행할 사람을 선정할 기준을 정한다. 둘째, 그림자처럼 동행하면서 무엇을 관찰할지 준비한다. 셋째, 대상자가 관찰하는 사람의 존재를 인지할 경우, 평상시와 다르게 행동할 수도 있으므로, 최대한 눈에 띄지 않는 상황에서 대상자의 자연스러운 모습을 관찰한다([그림 3-12] 참조).

관광약자가 느끼는 불편함은?	관광약자가 생각하는 관광이란?
높은 경사로와 내림막 높은 턱 점자 안내, 음성 안내 등	에베레스트산 (높은 산)

관광약자에게 필요한 시설은?	일반 관광객도 안전하지않은 부분은?
엘리베이터 또는 리프트 경사로 설치 점자 안내, 음성 안내 등	위생 부분 응급 CPR 안전하지 않은 가드레일

[그림 3-12] **섀도잉을 활용한 공감하기 활동**

출처: 학생 개인 과제−관광약자도 즐기는 여행.

활동 3-3 **섀도잉 공감 맵**

○○를 그림자처럼 따라다니면서 관찰합니다. 그림자이기 때문에 ○○의 말, 생각, 행동, 그리고 감정을 관찰하여 기록한 후 공감해 봅시다.

말하다	생각하다
○○이 무슨 말을 하였나요?	○○은 어떤 생각을 할까요? ○○이 중요하게 생각하는 가치나 신념은 무엇일까요?

행동하다	느끼다
○○을 관찰하였을 때 어떤 행동을 하였나요?	○○은 어떤 감정을 느낄까요? ○○이 걱정하거나 희망하는 것은 무엇일까요?

(4) 모니터링

모니터링(Monitoring)은 관찰조사(Ethnography)와 유사한 방법으로, 실제 현지인의 삶을 경험하고 관찰하면서 생활(상황) 속에서 충족되지 못한 대상자의 숨은 욕구를 발견한다. 그러므로 모니터링은 현장 선정, 데스트 리서치는 자료 선정, 그리고 섀도잉은 대상 선정이 중요하다.

(5) 심층 인터뷰

문제를 가진 사람이 느끼는 문제점, 상황, 숨겨진 요구 등에 대해 질문하고 대답하는 방식으로 이뤄진다. 인터뷰할 때, 다음 사항에 대해 주의를 기울인다.

- 문제점, 상황, 숨겨진 요구 등에 대해 인터뷰할 사전 질문을 작성한다.
- 사전 작성한 인터뷰 질문 중에서 우선순위를 정한다.
- 인터뷰 내용을 해석하지 말고 그대로 받아 적는다.
- 인터뷰하는 사람의 행동 및 주변 환경을 함께 관찰하고 기록한다.
- 기록이 어려울 때는 녹음기를 활용하거나 중요한 키워드 중심으로 적는다.

2. 문제 정의하기: 문제 및 목표 정의

문제 정의하기(Define) 단계는 공감하기 단계에서 얻은 정보를 기반으로 문제와 목표를 정의하는 단계이다. 문제 및 목표를 정의할 때 문제를 보편적 혹은 일반적으로 정의하는 것이 아니라, 문제를 소유한 바로 그 사람(소비자)에게 실제 필요하고 의미가 있는 문제를 찾아 정의한다. 다시 말해서, 일상생활 속에서 표면적으로 드러나는 문제가 아닌 문제의 근본적인 요인과 원인을 찾아내는 것이다. 그러므로 문제를 가진 사람(소비자)에 대한 충분한 공감이 이루어지지 않은 상태라면 표면적으로 문제를 바라보고 해결방안을 도출하기 때문에, 이 경우 공감하기 단계로 돌아가 문제의 근본을 정확하게 분석하는 것이 필요하다.

공감하기 단계에 기초하여 문제를 정의하고 해결방안을 도출하는 디자인싱킹의 방법은 다음에 나오는 창의적 문제해결(Creative Problem Solving: CPS) 혹은 문제 기반 학습(Problem Based Learning: PBL) 접근법과 구분되는 가장 큰 차이점이다(김유빈, 이재환, 박소영, 2017; 윤갑정, 2019; 이종만, 2020).

1) 문제 정의하기의 활동 내용: 문제 파악 및 통찰의 문제 재구성

해결할 문제를 구체화한다. 공감하기 단계를 통해 얻은 통찰을 바탕으로 문제를 가진 사람의 관점에서 해결해야 할 문제를 파악하고 문제를 재구성한다. 그러므로 문제를 가진 사람과 그 사람의 문제상황을 중심으로 공감하여 문제의 본질을 파악하고 통찰하기 때문에 문제에 심층적으로 접근할 수 있다.

문제를 정의할 때, 진정 해결이 필요한 문제인지(Real), 가치를 창출할 수 있는 문제인지(Valuable), 그리고 나에게 영감을 주는 문제인지(Inspiring)를 확인한다. 또한 문제의 대상(Who), 원하는 요구(What), 필요 가치(Why)를 간결하게 되도록 한 문장으로 표현하여 디자인싱킹 과정(단계)마다, 그리고 필요할 때마다 이상의 정의해 놓은 문제를 참고한다.

2) 문제 정의하기의 활용 기법

(1) 이해관계자 맵(활동 3-4)

이해관계자(Stakeholder)는 문제에 영향을 받거나 영향을 미치는 사람, 집단 혹은 조직을 말한다. 그러므로 이해관계자 맵은 문제에 직접적인 영향을 미치는 핵심적인 사람, 집단 혹은 조직이 누구인지, 그들 간의 관계는 어떠한지, 그리고 그들이 문제에 어떻게 영향을 미치는지를 시각화한 것이다([그림 3-13] 참조).

이해관계자 맵을 사용하는 방법은 다음과 같다.

- 문제에 관련된 이해관계자를 파악한다.
- 문제에 영향(긍정적 혹은 부정적)을 가장 많이 미치는 핵심 이해관계자를 가운데 배치한다. 그다음 직접적인 이해관계자를, 가장 밖에는 간접적인 이해관계자를 배치한다.
- 각 이해관계자 밑에는 문제에 대한 이해관계자의 관심사(생각, 의견 또는 기대 등)

를 적는다.

- 작성한 이해관계자들이 서로 어떻게 관련되고 상호 작용하는지 살펴본다.

- 이해관계자들 사이에 잠재적 대립 요소와 요구 사항을 파악한다.

- 분석한 이해관계자 내용을 바탕으로 영향력 혹은 계층 구조 등의 관계를 연결선과 키워드로 시각화한다.

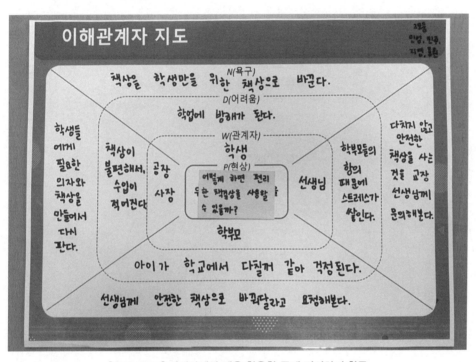

[그림 3-13] 이해관계자 맵을 활용한 문제 정의하기 활동

출처: 학생 개인 과제-어떻게 하면 편리한 책걸상을 사용할 수 있을까?.

활동 3-4   **이해관계자 맵**

○○ 문제에 관련있는 사람. 기관 혹은 조직을 이해관계자라고 합니다. 어떤 이해관계자가 관련되고, 이들은 어떤 관심사를 가지고 있을지 생각해 봅시다. 그리고 이해관계자들 사이에는 어떤 관계가 있을까요? 화살표 혹은 선들을 사용해서 이해관계자들의 관계를 나타내 봅시다.

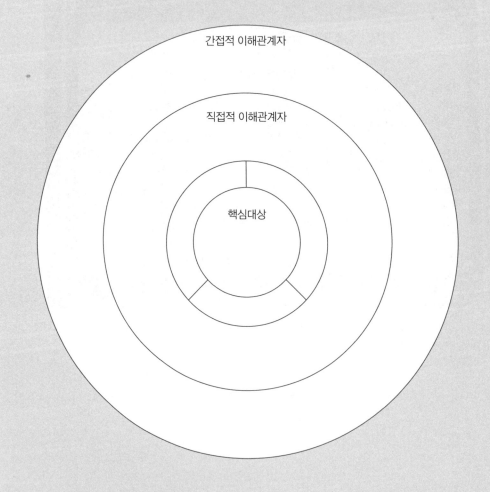

(2) 여정 맵(활동 3-5)

일종의 섀도잉 기법으로서, 문제를 가진 사람의 일상적인 시간과 공간을 따라가면서 발생하는 문제와 감정에 공감하는 기법이다. 특히 여정 맵은 문제를 가진 사람의 시간과 공간에 따른 경험과 감정을 시각화함으로써, 문제가 발생하는 상황과 감정의 전후 맥락을 심도 있게 파악할 수 있다([그림 3-14] 참조).

여정 맵을 사용하는 방법은 다음과 같다.

- 문제를 가진 사람의 일상적인 시간과 공간을 따라가면서(여정) 그때의 행동, 감정 및 상황을 기록한다.
- 기록한 감정 아래 터치 포인트(Touch Point : 시간과 공간에 대한 상황, 그리고 그 상황에 관련된 사람, 모임 혹은 기관)와 패인 포인트(Pain Point : 문제를 가진 사람이 아픔을 느끼는 부분)을 기록한다.

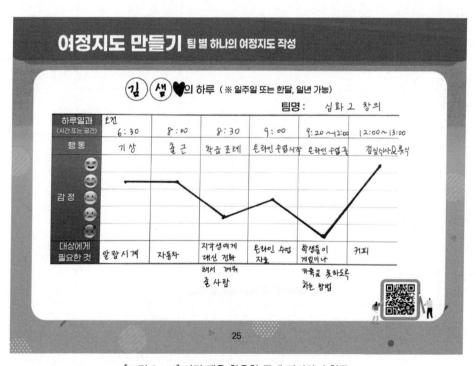

[그림 3-14] 여정 맵을 활용한 문제 정의하기 활동

출처: 학생 개인 과제-코로나 기간 동안 김샘의 하루.

활동 3-5   **여정 맵**

○○ 문제를 가진 사람을 따라다니면서, 그 사람의 행동과 감정을 기록해 봅시다. 예를 들어, 구분에는 일과
혹은 여정을 표시하고, 그 구분에서의 기분과 상황을 관찰한 후 설명합니다.

- 터치 포인트: 시간과 공간에 대한 상황, 그 상황에 관련된 사람, 모임 혹은 기관을 기록
- 패인 포인트: 문제를 가진 사람이 아픔을 느끼는 부분을 기록

구분								
행동								
기분 😀								
기분 😐								
기분 ☹								
상황 설명								
터치 포인트								
패인 포인트								
문제								
해결방안								

(3) 5 WHYs(활동 3-6)

어떤 문제상황이 발생한 원인을 생각할 때, '왜?'라는 질문을 다섯 번 연결 지어(꼬리를 물고 있듯이) 반복해서 제기함으로써 문제의 근원이 되는 원인을 찾는 방법이다([그림 3-15] 참조). 5 WHYs 기법을 좀 더 효과적으로 활용하기 위해서, 첫째, 통제 가능한 것으로 대답해야 한다. 무조건 '왜'만 제기하는 것이 아니라 현재 시점에서 해결할 수 있는 답변이 가능할 때 '왜' 질문이 의미 있는 것이다. 둘째, 근거가 있고 검증이 가능한 사실만을 가지고 대답해야 한다. 셋째, '더 이상 왜'라고 질문할 수 없을 때까지 질문한다.

WHY	질문	원인
① WHY	왜 관광기념품을 재구매하지 않는가?	가격대가 높고 활용도가 떨어지기 때문이다.
② WHY	왜 가격대는 높고 활용도가 떨어지는가?	고객의 니즈를 파악하지 못했기 때문이다.
③ WHY	왜 고객의 니즈를 파악하지 못했는가?	적은 예산으로 이익을 창출하기 때문이다.
④ WHY	왜 적은 예산으로 이익을 창출하는가?	정부의 지원이 부족하기 때문이다.
⑤ WHY	왜 정부의 지원이 부족한가?	홍보기념품의 매출이 좋지 않고 소비자의 관심이 하락했기 때문이다.
→ 결론: 고객의 니즈와 욕구를 잘 파악한 고객중심형 관광기념품을 개발한다.		

[그림 3-15] **5 WHYs를 활용한 문제 정의하기 활동**

출처: 학생 개인 과제-어떻게 하면 관광기념품을 재구매하게 할 수 있을까?.

활동 3-6 | 5 WHYs

○○ 문제에 대해 꼬리에 꼬리를 무는 질문과 원인을 다섯 번 반복해 봅시다. 반복하는 질문과 원인을 통해서 근원이 되는 원인을 찾아 결론까지 이끌어 봅시다.

문제	(	)
	질문	원인
(1) Why		
(2) Why		
(3) Why		
(4) Why		
(5) Why		
결론		

(4) HMW(활동지 3-7)

어떻게 하면 …… 할 수 있을까?(How Might We?) 'How'의 질문은 어떻게 하면 문제를 훨씬 확장적이고 긍정적으로 해결할지 고민한다는 의미가 있다([그림 3-16] 참조). Can 혹은 Should의 질문은 '진짜 할 수 있을까?'라는 생각, 즉 가능성을 제한하는 듯한 느낌이 들지만, 'Might'는 아이디어를 내는 사람들에게 보다 자유롭게 가능한 옵션을 떠올리도록 돕는다. 그리고 'We'는 집단 지성을 활용하여 팀으로서 문제해결에 집중한다는 의미가 있다.

HMW에서 유의할 점으로, 첫째, HMW의 질문은 문제를 가진 사람이 느끼는 불편함에 초점을 맞추기보다는 문제를 가진 사람의 욕구 해결에 집중해야 한다. 둘째, 질문의 범위를 너무 넓거나 좁게 하지 말아야 한다.

우리가 어떻게 하면(포스트 코로나 이후 관광지에서 가장 큰 문제점이 마케팅이라면 우리는 어떻게 하면 마케팅을 효율적으로 할) **수 있을까?**

(1) 새로운 마케팅 방법 생각해 보기
- 관광객들이 관심을 가질 만한 키워드를 선정 (예: 웰빙/청결/이색 체험 및 즐거움 등)
- 키워드를 선정한 후 문구 만들기
- 문구 선정 후 웹사이트 및 SNS에 홍보 및 관련 이벤트 개최(해시태그 이벤트, 방문 이벤트, 추첨 이벤트 등)
- 관광객들의 구전 전파를 향상하기 위한 요인 마련(최고의 서비스, 청결 상태 항시 유지, 요구 파악 등)

(2) 마케팅 비용 절감 대책 강구
- 꾸준한 마케팅을 전개하려면 비용 절감이 필요
- 한정 굿즈 생산 후 소량 판매 및 증정('한정'이라는 단어에 열광하는 소비자들 겨냥)
- 상대적으로 비용이 저렴하거나 거의 들지 않는 SNS를 적극 활용
- 자사 홈페이지를 활용

[그림 3-16] HMW를 활용한 문제 정의하기 활동

출처: 학생 개인 과제-포스트 코로나 이후 관광 활성화 방안.

활동 3-7 **HMW**

○○ 문제에 대해서 "우리가 어떻게 하면 …… 할 수 있을까?"를 생각해서 적어 봅시다.

우리가 어떻게 하면
(   ) 할 수 있을까?

• 문제 정의:

• 해결책:

• 이점:

• 아이디어 개요:

	누구의	무엇을	구체적 행위동사
• 어떻게 • 어떤 방법으로 하면			

3. 아이디어 내기: 아이디어 도출 및 분석

아이디어 내기(Ideate) 단계는 문제해결을 위해 아이디어의 발상 혹은 도출하는 단계이다. 혁신적이고 창의적인 아이디어를 도출하기 위해서는 한 가지 최고의 방안을 찾기보다는 가능한 한 많은 아이디어를 도출한다. 그렇지만 다양한 아이디어를 도출하는 확산적 사고 외 아이디어 내기에서는 선택과 집중의 과정도 필요하다(Martin, 2010). 다양한 아이디어들 중에서 혁신적이고 창의적인 아이디어의 가치를 판단하여 아이디어의 가능성을 탐색하고, 배제할 아이디어를 구분한다. 많은 아이디어를 발상하는 단계이므로 아이디어들을 그룹화하여 소제목을 정해 보고, 그중 가장 적절한 해결방안을 찾는다.

1) 아이디어 내기의 활동 내용: 탐색, 관점 통합과 강점 이해

아이디어를 낼 때 중요한 점은 초점을 유지하면서 넓게 사고하는 것, 그 사이에서 유연한 변화와 균형을 갖는 것이다. 아이디어 내기에는 넓히기(확산), 그리고 아이디어의 평가와 선택의 좁히기(수렴)의 과정이 필요하다.

2) 아이디어 내기의 활용 기법

아이디어를 낼 때, 다양한 창의성 기법을 활용할 수 있다. 브레인스토밍(브레인라이팅), 강제결합법, SCAMPER, 여섯 가지 생각하는 모자, PMI 등의 기법을 활용하여 창의적인 아이디어를 발상하고, 평가 행렬표 등을 활용하여 아이디어에 대한 가치를 평가하여 최선의 아이디어를 선택한다.

(1) 만다라트(활동 3-8)

만다라트는 Manda(목적) + la(달성) + art(기법)을 뜻하며, 일반적으로 가운데에 문제, 주제 혹은 키워드를 적고 그 문제에 따라 연상되는 단어 8개를 적는다. 그다음 그 8개의 단어를 새로운 3×3 사각형 중앙에 적고, 다시 각 8개 단어에서 연상되는 아이디어를 적는다. 이와 같이 아이디어가 확산해 나가는 그 모양이 연꽃이 피어나는 것 같다고 하여 '연꽃 기법'으로도 부른다([그림 3-17] 참조).

교통	학대 및 유기 처벌 강화	서비스 산업 육성	큰소리	허락 없이 만지기	아무 먹이 주기	목줄	배변 처리	인식표 착용
교육 강화	정책	안전사고 예방 조치 강화	노란 리본	비반려인	불쾌한 말	의무교육	에티켓	입마개
보호 체계 정비	반려동물 전담 기관 신설	맹견 책임 보험 의무화	체험	배려	천천히 다가가기	동물 등록제	이용 수칙 안내판	배려
입양 문화 활성화	문화 센터	행동 교육	정책	비반려인	에티켓	어플 제작	SNS	캠페인
반려동물 문화 교실	문화	문화 교실	문화	올바른 반려동물 문화 형성	홍보	현수막, 포스터	홍보	펫티켓 홍보 영상
문화 행사	문화 축제	존중	편의시설	복지	관광	외국인을 위한 영문 홍보물	공모전	이벤트
용변 처리 시설	미용	체험활동	질병	환경	보험	공원	음식점	축제
테마파크	편의시설	산책코스	스트레스	복지	예방접종	숙박	관광	캠핑
전용 놀이터	돌봄 서비스	반려견이 기다릴 수 있는 공간	의료 서비스	비용	장례	카페	체험	교통

[그림 3-17] 만다라트 기법을 활용한 아이디어 내기 활동

출처: 학생 개인 과제-반려동물과 함께하는 관광 활성화 방안.

활동 3-8 **만다라트**

○○ 문제의 키워드를 가운데 적고, 연상되는 8개를 주변에 적어 봅시다. 그다음 그 8개 단어를 새로운 3×3 사각형 가운데 적고 다시 각 8개 연상되는 것을 적어 봅시다.

				문제				

(2) 평가 행렬표(활동 3-9)

평가 행렬표(Evaluation Matrix)는 제안된 여러 아이디어를 미리 정해 놓은 준거(기준)에 따라 체계적으로 평가하는 대표적인 수렴적 사고 기법이다. 아이디어를 세로 축 그리고 평가준거를 가로축에 적어, 평가 행렬표를 만들어 평가한다. 예를 들어, CARTS(Cost, Acceptance, Resources, Time, Space) 평가준거를 사용해서, 제안한 문제 해결방안이 좋은 생각인지, 정말 중요한지 질문하고 평가할 수 있다. 평가준거는 문제를 가진 사람, 상황 그리고 해결방안 등에 따라 다양하게 설정할 수 있다.

평가 행렬표를 활용하는 방법은 다음과 같다([그림 3-18] 참조).

- 행렬표를 준비한다. 아이디어는 왼쪽(세로축)에 평가 기준은 윗부분(가로축)에 나열한다.
- 평가 행렬표를 완성한다. 평가준거에 따라 점수를 부여한다.
- 결과를 해석한다. 평가 행렬표는 여러 아이디어 중 한 가지를 선정하기보다는 발상한 아이디어들의 강점과 약점을 파악하는 것이다. 따라서 평가준거에 따른 점수 차이가 상이할 때, 아이디어를 보완하여 활용할 방안을 강구하는 데 집중한다.

평가기준	아이디어 A	아이디어 B	아이디어 C	아이디어 D
	고객의 직접 참여를 통한 기념품 개발	고객 투표를 통한 기념품 개발	트렌드에 맞춘 기념품 개발	판매량에 따른 기념품 개발
경제성	5	4	4	3
상품의 질	5	3	3	3
실용성	5	4	2	4
희소성	5	3	2	2
만족도	5	5	4	4
합계	25	19	15	16

[그림 3-18] **평가 행렬표를 활용한 아이디어 내기 활동**

출처: 학생 개인 과제-어떻게 하면 관광기념품을 재구매하게 할 수 있을까?.

활동 3-9 | **평가 행렬표**

제안된 아이디어를 적습니다. 그리고 아이디어를 평가할 준거를 가로축에 적어 봅시다. 그리고 그 준거를 적용해서 1~5점까지 점수를 부여해 봅시다.

그 외 여러 기법을 적용하여 제안된 아이디어를 평가해 봅시다.

아이디어	평가준거 1	평가준거 2	평가준거 3	평가준거 4	평가준거 5	…	계

(PMI 활용)

P(Plus)	강점
M(Minus)	약점
I(Interesting)	흥미로운 점

4. 프로토타입: 아이디어 구체화 및 시각화

프로토타입(Prototype) 혹은 시제품을 제작하여 시각화하는 단계이다. 이 단계에서는 문제해결 아이디어를 활용하여 시제품을 제작해 보고, 머릿속에 있는 추상적인 아이디어를 구체적이며 시각적으로 표현하는 단계이다(문재호 외, 2020). 시제품의 형태 및 모양(디자인) 등의 표현 방법에는 제한이 없으나, 시제품의 기능과 느낌(경험)에 집중한다. 그리고 비교적 저렴한 재료 혹은 주변의 사물을 이용하여 아이디어를 신속하고 간단하게 시제품으로 표현하고, 관찰하고, 실험하여, 문제해결 아이디어의 가능성을 판단한다. 이때, 이해관계자들이 프로토타입 혹은 시제품을 경험하고 활발히 상호작용한다면 시제품의 실현 가능성을 높일 수 있다.

1) 프로토타입의 기본자세: 적극적 상호작용, 개방적 사고 및 경제적 방법

프로토타입은 제작한 시제품이 제 기능을 하는지 사전 테스트를 하는 것이지만, 그 외 여러 용도로 활용할 수 있다. 예를 들어, 첫째, 프로토타입은 문제해결방안에 대한 문제를 가지고 있는 사람(소비자)의 이해 및 공감을 심화할 수 있다. 둘째, 프로토타입이 실제 정의하고 해결하고자 설정한 목표에 집중하고 있는지 탐색할 수 있다. 셋째, 프로토타입은 더 나은 해결방안을 위한 시험과 개선의 계기를 마련한다. 넷째, 프로토타입은 비전을 보여 줌으로써 다른 사람들에게 영감을 제공할 수 있다.

2) 프로토타입의 활용 기법

(1) 프로토타입 체크리스트

스토리 보드([그림 3-19] 참조), 포스터, 연극, 스마트폰 와이어 프레임([그림 3-20] 참조) 모형 등 다양하게 프로토타입(시제품)을 제작할 수 있다. 다음과 같이 체크리스트를 작성해 봄으로써, 경제적으로 프로토타입을 만들 수 있다.

〈프로토타입 체크리스트〉

문제해결을 하는 프로토타입 혹은 시제품을 제작하기 전에, 체크리스트를 작성하여, 사전에 프로토타입을 제작하기 위해 어떤 것이 필요할지 확인해 봅시다.

범위	정도	수준	도구	형식
□ 세계	□ 개발	□ 회로 동작	□ 금속	□ 3D
□ 국가	□ 교체	□ 전기 센서	□ 목재	□ 레고 플레이
□ 지역	□ 개선	□ 정지 모형	□ 골판지	□ 폼 플레이
□ 동네	□ 보완	□	□ 폼보드	□ 폼포드 플레이
□ 학교	□	□	□ 우드락	□ 게시판
□ 가정	□	□	□ 종이	□ 스토리 보드
□	□		□ 재활용	□ 시나리오
□			□ 찰흙	□ 스마트폰 와이어 프레임
□			□	□
			□	□
			□	□

〈스케치〉

포스트 코로나 이후 숙소 선택의 중요한 요소가 되어버린 청결 상태와 주기적인 방역 및 소독

예약시스템을 활용하여 쉽고 간편하게 숙소를 정할 수 있는 편리함도 중요한 요소가 됨.

실내보다 실외 활동을 추구하는 관광객들의 증가 및 에코투어리즘/웰니스 관광 등 자연 속에서 휴식을 원하는 관광객들의 증가

복합리조트화를 통한 이동의 최소화를 꾀하여 관광객들이 한 곳에서 다양한 즐길거리/볼거리 등을 제공하는 것도 중요한 요소

비일상적이고 특별한 경험을 하고 싶어 하는 관광객들의 증가 및 다양한 레저활동 및 액티비티를 즐기고 싶어 하는 관광객들

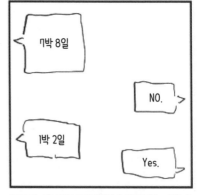

코로나 19 이후 장기적인 여행보다는 1박 2일, 2박 3일의 단기적인 여행을 선호. 단기 여행 상품이나 활동을 필요로 함.

[그림 3-19] 스토리 보드를 활용한 프로토타입 제작 활동

출처: 학생 개인 과제−포스트 코로나 이후 관광 활성화 방안.

계획한 여행 일정을 등록할 수 있고 다른 사람들의 코스도 볼 수 있다.

최적의 경로를 탐색하여 알려 준다.

현지인이 추천해 주는 맛집, 명소를 볼 수 있다.

맛집을 찾아볼 수 있고, 별점을 등록하여 맛집으로 추천해 줄 수도 있다.

호텔 가격을 비교해 주고 예약할 수 있다.

렌터카를 빌릴 수 있다.

여행에 필요한 물건과 지역 특산물 등을 구매할 수 있다.

지역 이벤트, 축제, 새로운 소식 등을 알려 준다.

[그림 3-20] 스마트폰 와이어 프레임을 활용한 프로토타입 제작 활동

출처: 학생 개인 과제-음식 관광 활성화 방안.

5. 테스트하기: 아이디어 평가

제작한 프로토타입(시제품)을 공유, 점검 및 시험하는 단계이다. 프로토타입에 대해 피드백을 받은 후, 그 내용을 중심으로 수정 및 보완하여 새로운 제품을 만들거나 문제해결방안(이벤트)을 개선한다. 디자인싱킹은 순환 반복적인 구조를 가지며, 필요에 따라 순환과 반복을 지속한다.

그러므로 디자인싱킹에서 테스트하기는 일회성으로 끝나는 것이 아니라, 수정 및 보완을 반복하고 순환하는 피드백 과정이 이뤄진다. 반복 순환의 피드백 과정은 디자인싱킹의 핵심이며, 다른 설계 교육 모형과 구분되는 차이점이다.

1) 테스트하기의 활동 내용: 실제 환경(상황), 관찰, 참여의 프로토타입 공감

제작한 프로토타입 혹은 시제품에 대한 문제해결의 적합성(공감)을 높이려면, 테스트를 실제 환경에서 실시하는 것이 바람직하다. 테스트 과정을 관찰하고 참여하는 기회를 실제 환경(상황)에서 제공하게 되면, 문제를 가진 사람과 공감을 쌓는 기회를

얻게 된다. 그리고 이 과정을 통해서 예상하지 못한 통찰력을 얻게 되며, 이러한 통찰에 기반하여 반복 순환을 통해 프로토타입 혹은 시제품을 수정 보완하고 개선하게 된다. 그러므로 간혹 테스트 결과에 따라 설계 과정으로 다시 돌아가거나, 문제정의에 대한 오류를 인식하기도 한다.

2) 테스트하기의 적용 기법

프로토타입(시제품)을 테스트할 때, 다양한 창의성 기법을 활용할 수 있다. 예를 들어, HMW, 여섯 가지 생각하는 모자, PMI, SWOT, 평가 행렬표 및 린캔버스 등을 사용하여 시제품을 테스트할 수 있다.

(1) 평가 행렬표(활동 3-10)

앞서, 이해관계자 맵을 살펴보았다. 이해관계자는 문제에 영향을 받거나 영향을 미치는 사람, 집단 혹은 조직을 말한다. 그러므로 사람, 집단 혹은 조직은 자신의 이해관계에 따라 프로토타입(시제품)에 대한 관점을 상이하게 가질 것이며, 이들이 제안하는 수정 보완의 피드백 역시 다를 것이다. 그러므로 이해관계자의 테스트 의견 및 피드백을 구분해서 살펴볼 수 있다.

| 활동 3-10 | **평가 행렬표** | |

가로축의 준거에 따라 이해관계자들의 시제품에 대한 평가를 받아 봅시다. 이해관계자들은 평가준거를 적용해서 1~5점까지 점수를 부여해 봅시다.

이해관계자	평가준거 1	평가준거 2	평가준거 3	평가준거 4	평가준거 5	…	계
1)							
2)							
3)							

이해관계자 1 피드백	
이해관계자 2 피드백	
이해관계자 3 피드백	

수정 보완 사항	

(2) 린캔버스(활동 3-11)

린캔버스(Lean Canvas)는 기업가와 신생기업이 비즈니스 아이디어를 검증하고 개선할 수 있도록 설계된 비즈니스 모델 시각화 기법이다. 여기서 린(Lean)은 돈과 시간 사용을 최적화하여 낭비를 없애고 자원을 효율적으로 사용하는 것을 말한다. 그러므로 린캔버스를 작성하는 목적은 시장을 빠르게 검증하고 사업의 과정을 시뮬레이션해 보는 것이다.

린캔버스에서는 다음 아홉 개의 항목을 작성한다([그림 3-21] 참조).

① 문제(Problem): 내가 해결하려는 문제를 적어 본다. 이 문제가 중요한 이유와 문제가 해결되지 않을 경우, 고객에게 어떤 결과가 초래되는지 설명한다.

② 고객군(Customer segments): 대상 고객을 식별하고 설명한다. 나이, 성별, 수입, 교육수준 등의 인구통계학적 정보에 초점을 맞추거나 관심사, 가치관, 라이프스타일 등의 심리적 요인에 초점을 맞출 수도 있다. 핵심은 프로토타입(시제품) 개발 노력을 고객의 필요와 선호에 맞게 조정할 수 있도록 고객에 대한 상세한 프로필을 만드는 것이다.

③ 가치제안(Unique Value Proposition): 시제품 또는 서비스가 기타 제품과 차별화되어, 대상 고객에게 제공하는 고유한 이점을 말한다.

④ 해결책(Solution): 시제품과 서비스는 물론 문제를 해결하는 방법을 설명한다.

⑤ 경쟁우위(Unfair Advantage): 시제품과 서비스가 다른 제품보다 경쟁에서 우위를 제공하는 요소이다. 전문지식, 독점기술, 고유한 유통망 혹은 전략적 파트너십 등이 해당된다.

⑥ 수익 흐름(Revenue Stream): 고객에게 제품과 서비스를 제공한 후 수익을 어떻게 창출할 수 있을지 적는다.

⑦ 비용구조(Cost Structure): 시제품과 서비스를 유지하기 위해 발생되는 비용을 설명한다.

⑧ 핵심지표(Key Metrics): 시제품과 서비스의 성공을 추적하고 측정할 때 사용할 핵심지표를 작성한다. 고객획득 비용, 고객 평생가치, 이탈률 등이 포함될 수 있다.

⑨ 채널(Channel): 시제품과 서비스가 목표로 삼은 고객에게 도달(전달)되는 경로를 작성한다. 소셜 미디어, 이메일, 검색 엔진, 직접 판매 등이 해당된다.

문제	해결책	가치제안	경쟁우위	고객군
• 관광수요 폭증 예상 • 방문지에 대한 관광객들의 만연한 두려움 • 심해지는 양극화 현상 • 다양한 고객의 니즈 • 과대경쟁	• ICT 기술 접목 • 철저한 직원교육 • 리뉴얼 및 재포지셔닝 **핵심지표** • 자금 확보 • 기술 확보 • 유능한 인적자원 • 전략적 대안	• 철저한 소독 및 방역 • 다양한 볼거리, 액티비티 • 크고 넓은 부대시설 • 새로운 경험을 제공해 줄 수 있는 곳	• 독창적인 테마 및 주제 • 1:1 서비스 등 차별화된 서비스 **채널** • SNS 홍보 • 자사 홈페이지를 통한 홍보 • 다양한 웹사이트 배너 광고	• MZ세대 : 자신의 신념이나 가치에 맞는 소비. 유행에 매우 민감해 다양하고 빠르게 바뀌는 트렌드

비용구조	수익 흐름
• 인건비, 유지보수 비용, 마케팅 비용, 직원교육, 내/외부환경에 따른 가격정책 등	• 관광, 호텔, 식음료, 교통, 대여비, 입장료, 등

[그림 3-21] 린캔버스를 활용한 테스트하기 활동

출처: 학생 개인 과제-포스트 코로나 이후 관광 활성화 방안.

활동 3-11 **린캔버스**

문제해결 아이디어를 검증하고 개선할 수 있도록 아래 9개의 항목을 작성해 봅시다.

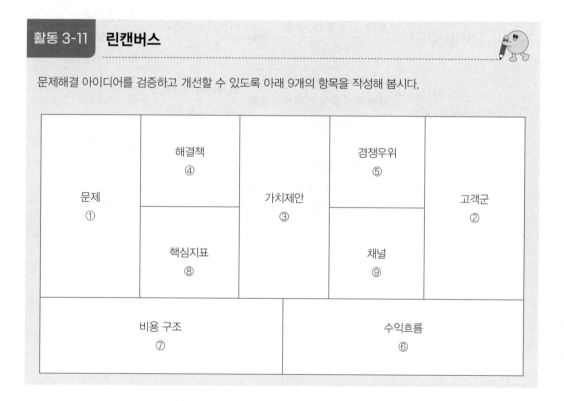

이상에서 다룬 디자인싱킹의 각 프로세스별 활동 내용과 활용 기법은 스탠포드 디
스쿨의 것을 중심으로 수정·보완한 것으로 〈표 3-4〉와 같다. 앞 본문에서 각 활용
기법에 대한 활동지를 제시하였다.

〈표 3-4〉 **디자인싱킹 프로세스 별 활동 내용 및 활용 기법: 스탠포드 디 스쿨 중심으로**

5단계 프로세스	활동 내용	활동 목표	활용 기법
공감하기	관찰, 소통, 몰입의 통찰을 통한	요구 파악하기	• 페르소나 설정 • 데스크 리서치 • 섀도잉 • 모니터링 • 심층 인터뷰
문제 정의하기	문제 파악 및 통찰의 문제 재구성을 통한	문제 및 목표 정의하기	• 이해관계자 맵 • 여정 맵 • HMW • 5 WHYs
아이디어 내기	탐색, 관점 통합, 강점 이해를 통한	아이디어 도출과 분석하기	• 창의성 기법 • 만다라트 • 평가 행렬표
프로토타입 (시제품) 내기	적극적 상호작용, 개방적 사고 및 경제적 방법을 통한	아이디어 구체화 및 시각화하기	• 체크리스트
테스트하기	실제 환경(상황), 관찰, 참여의 시제품에 대한 공감을 통한	아이디어 평가하기	• 창의성 기법 • HMW • SWOT • 평가 행렬표 • 린캔버스

제 4 부

창의적 문제해결 과정의 적용:
삶의 지혜

창의성은 우리 삶에서 양육되어야 할 경험과 표현이다. 이를 기르는 과정은 창의성이 기술이자 예술이자 생활 방식이라는 것을 의미한다.

- Alex Osborn

'창의적 문제해결(Creative Problem Solving: CPS)'은 개인 또는 집단이 문제를 창의적으로 풀어 가기 위한 과정을 구체적으로 익히고 적용해 가는 일련의 사고기법이다(Treffinger, 2000). CPS는 지식과 기능을 바탕으로 확산적 사고와 수렴적 사고를 활용하면서 새로운 산출물이나 해결책을 만들어 내는 사고 과정이다. CPS는 Osborn(1953)이 창의적으로 사고하고 문제를 해결하는 단계를 개발한 후, Isaksen, Dorval와 Treff nger(2000)에 의해 계속 발달되었고, 한국에서도 김영채(1997, 2021) 등에 의해 널리 활용·발전되고 있다.

14
문제와 CPS 과정의 필요성

'문제(problem)'는 대개 목표상태와 현재상태 간의 괴리가 있고, 이 사이에 방해가 있는 상황이며, '문제해결'은 바라고자 하는 목표를 달성하기 위해서 초기의 현재상태와 목표상태 간의 거리를 좁혀 가는 것을 말한다. 일찍이 문제해결을 연구했던 Duncker(1945)는 '문제'를, 사람이 목표를 가지고 있지만 그에 도달할 수 있는 방법을 알지 못하는 상황이라고 했다. 이를 자세히 들여다보면, 실제로 문제를 이루는 것에서는 상당한 모호함이 존재한다. 예를 들어, 구구단은 이제 막 수학을 배우고 있는 초등학생에게는 어려울 수도 있지만 대학생에게는 단지 기억 속에서 이와 관련된 정보를 자동적으로 기억해 내는 것에 지나지 않는다. 따라서 어떤 사람에게 문제가 될 수 있는 것이 또 다른 사람에게는 문제로 여겨지지 않을 수도 있다(전명남, 2012).

한편, Getzel(1987)은 문제를 보는 관점을 보다 폭넓게 제시하고 있다. '문제가 제시된 상황(presented problem situation)'과 '문제가 발견되어야 하는 상황(discovered problem solving)' '문제가 창조되어야 하는 상황(created problem situation)'으로 구분하였다. 첫째, '문제가 제시된 상황' 유형의 문제는 이미 문제가 알려져 있고, 그 문제가 문제를 해결하는 사람에게 제시된 상태이다. 둘째, '문제가 발견되어야 하는 상황' 유형은 역시 문제는 존재하지만, 다른 사람이나 상황에 의해서 문제가 제시되었다기보다는 문제를 해결하는 사람 스스로 문제를 발견해야 하는 경우이다. 마지막으로, '문제가 창조되어야 하는 상황' 유형의 문제는 문제가 아직까지 존재하지도 않고, 도전하여 누군가가 문제를 창안하거나 발명하거나 만들어 내는 경우이다. 이러한 관점에서 보는 문제는 인간의 생활 전반에 걸쳐 다양하게 포함되어 있다고 볼 수 있다.

또한 문제에 대한 접근을 구조화를 중심으로 '구조화된 문제(well-structured problem)'와 '비구조화된 문제(ill-structured problem)'로 구분할 수 있다. '구조화된 문제'는 초기상태와 목표상태의 간격이 좁고, 주로 단지 하나의 정답이 있으며(Simon, 1973), 문제해결에 필요한 모든 자료가 제시되는 경우이다. 이에 반해, '비구조화된 문제'는 실제 생활에서 계속 부딪히는 문제로서 초기상태와 목표상태의 간격이 넓어서 다양한 접근으로 문제를 해결해야 한다. '비구조화된 문제'는 인간의 삶에서 사소한 일상적인 것부터 보다 큰 규모의 상황까지 포함하는 틀을 가지고 있다. '비구조화된 문제'와 관련해서 Stein(1953)은 모호한 문제를 수용하여 파악하고, 문제해결을 위한 가설 설정 및 검증을 하고, 검증 결과를 전달하는 능력을 문제해결력이라고 정의했다.

지능구조모형을 제안했던 Guilford(1967)는 창의적 사고는 새로운 것을 만들어 내는 것이며, 문제해결은 새로운 상황에서 새로운 반응을 산출하는 것이므로 본질적으로 같은 것이라고 보았다. Feldhusen과 Treffinger는 창의성과 문제해결 두 개념을 하나로 결합해서 창의적 문제해결력이라고 명명하고, 하나의 복잡한 개념이라고 주장하였다(1994). Feldhusen과 Treffinger는 유창성, 융통성, 독창성, 정교성과 같은 창의적인 능력은 복잡한 문제를 해결하는 과정에서 필수적인 요소로 창의성과 문제해결력을 하나의 복합적인 개념으로 보는 것이 옳다고 주장하였다(김보경, 2005).

창의적 문제해결 과정을 연구했던 Wallas(1926)는 '준비' '부화' '영감' '검증'의 4단계를 거친다고 하였다. '준비(perparation)' 단계는 제시된 문제나 주제를 여러 각도로 지각하고 이해하여 자료를 수집하는 단계이다. '부화(incubation)'는 문제의 해결책이 시간 간격을 두고 떠오르는 단계로, 곰곰이 생각하거나 때로 무의식적인 수준도 포함된다. '영감(illumination)'은 창의적인 활동을 하는 사람이 자신이 추구하고 있었던 문제에 대한 해결책이나 아이디어가 의식적인 수준에서 나타나는 단계이다. 계속적인 부화의 단계를 거쳐 갑자기 나타나는 직관이나 통찰의 형태를 띠고 있다. 마지막으로 '검증(vertification)'은 완전히 의식적인 상태로서, 획득한 아이디어의 타당성을 검증하고 그 결과에 따라 구체화하여 표현함으로써 완전한 아이디어로 정리하는 단계이다.

또한 Isaksen과 Treffinger는 문제해결을 위한 문제의 이해, 아이디어의 산출, 계획 및 실행의 단계를 거치면서 '수렴적 사고'와 '확산적 사고'가 일어나는 것을 '창의적 문제해결'이라고 했다(1987). 창의적으로 문제를 해결하기 위해서는 문제를 새롭게 발견하고 이를 정의하여 일반 영역이나 특정 영역의 지식이나 기능에 기반으로 또 다른 해결책을 찾아야 하는데, 이때 '확산적 사고'와 '수렴적 사고'가 요구된다. '확산적 사고'는 다양하고 새로운 아이디어로 새로운 대안을 찾아내려는 노력으로, 호기심, 여러 아이디어, 모순, 갈등, 긴장, 애매모호함에 대한 개방성, 모험하기, 상상과 유머, 결정적 요소를 찾아내고 건설적인 해결책 찾아내기 등이 포함된다. '수렴적 사고'에는 적절한 과제나 문제를 찾아내기, 정보를 이해하고 해석하기, 정보의 정확성과 관련성을 판단하기, 오류와 편견을 찾아내기, 귀납적 결론을 끌어내고 평가하기, 연역적으로 추론하고 결론의 타당성을 평가하기, 아이디어나 논쟁점들을 비교, 대조, 세분화하여 평가하기 등의 사고 과정이 포함된다(Fisher, 1987). 창의적 문제해결 과정에서 '확산적 사고'와 '수렴적 사고'의 접근방식을 통해 새로운 해결책과 대안뿐만 아니라 기존에 존재하지 않은 새로운 아이디어들이 도출될 수 있다. 창의적 문제해결을 통해서 사람들은 이전에 생각해 보지 못한 아이디어를 내기도 하며 처음과는 다른 결과물을 만들어 내기도 한다.

정리하면, '창의적 문제해결력'은 일반 영역의 지식과 기능, 특정 영역의 지식과 기능을 기반으로 '확산적인 사고'와 '수렴적 사고'를 거쳐서 새로운 아이디어와 산출물을 만들어 내는 힘이라 할 수 있으며, 문제를 해결하기 위한 일련의 고차원적인 과정을 거친다고 할 수 있다. 창의적 문제해결을 발휘하는 데에는 명확한 출발점이 없으며, 목표점도 모호할 뿐만 아니라 최종적인 결과도 정형화되어 있지 않기에 일반적인 문제해결과는 차이가 있다. 따라서 창의적 문제해결을 위한 현대의 이론적 접근은 과정(process) 또는 단계의 측면을 강조하여 과정과 결과를 포함하는 방향으로 진화해 가고 있다.

서울시는 2002년 월드컵 경기장을 어떻게 마련했을까
-난지도의 쓰레기 더미에서 태어난 월드컵 경기장과 공원

2002년 월드컵 경기를 운영해야 했던 한국은 공항이나 시민들의 접근성도 좋은 축구 경기장이 없어 발을 동동 굴렀다. 서울시는 월드컵 경기장을 어떻게 마련했을까? 서울의 급격한 경제개발과 산업화 과정에서 발생한 쓰레기 문제로 1978년부터 난지도에 쓰레기 매립이 시작되었다. 난지도는 여의도만 한 크기의 한강변의 섬이었다. 1993년까지 15년간 서울의 생활 쓰레기, 건설 폐자재, 산업 폐기물 등 약 9,200만톤이 매립되었다. 이 난지도가 2002년 해발 98m 높이의 봉우리 없는 두 개의 쓰레기 산으로 이루어진 공원으로 변화되었다. 난지도의 쓰레기 매립지에 공원을 만들어 세계적인 월드컵 경기도 무사히 치르고 시민들의 생활에 혜택을 줄 수 있게 만들자는 창의적 문제해결의 힘을 입어 '하늘공원'과 '노을공원'의 월드컵 공원으로 변화되었다(전명남, 2012).

1980년 쓰레기 매립 모습

[그림 4-1] 난지도의 쓰레기 더미에서 태어난 월드컵 경기장과 공원

출처: 서울특별시 서울의 공원, http://park.seoul.go.kr

자신이 창립한 회사인 애플에서 쫓겨난 청년 Steve Jobs는 어떻게 했을까

애플과 픽사의 창립자인 Steve Jobs는 2005년에 스탠포드대학교에서 있었던 졸업식 축사에서 자신의 성공이 실패에서 비롯되었던 이야기를 했다. 다음은 졸업 축사문의 발췌 내용이다.

"애플이 최고의 창작품인 매킨토시를 출시한 지 1년 후 저는 막 30세가 되었습니다. 그때 저는 해고를 당했습니다. 어떻게 자신이 창립한 회사에서 해고를 당할 수가 있었을까요? 애플이 성장하면서, 저와 함께 회사를 운영할 재능 있는 인재를 고용했습니다. 처음 일 년여간은 모든 일이 순조로웠습니다. 하지만 두 사람 간의 비전에 차이가 생기기 시작했고 결국에는 좁혀질 수 없는 지경이 되었습니다. 그때 임원진은 그 사람의 편을 들었습니다. 그래서 30세가 되던 해에 저는 회사에서 잘렸습니다. 그것도 매우 요란하게 말입니다. 어른이 되고 제가 줄곧 달려왔던 목표가 사라진 것입니다. 끔찍한 일이었습니다.

처음 몇 달간은 무엇을 해야 할지 몰랐습니다. 이제까지 잘 이어져 오던 배턴을 제가 떨어뜨린 것처럼 이전 기업인 세대들에게 실망만 안겨 준 것 같았습니다. 저는 David Packard, Bob Noyce를 만나서 실수를 저지른 것에 대해 사죄하였습니다. 저는 너무나도 공공연한 실패자였고 실리콘 밸리에서 떠날까도 생각했습니다. 하지만 또 다른 생각이 천천히 저를 사로잡기 시작했습니다. 바로 나는 무엇보다 내가 하는 일을 사랑한다는 사실이었습니다. 애플에서의 악재가 그 사실을 조금도 바꾸어 놓지는 못했습니다. 저는 거부당했지만 여전히 사랑에 빠져 있었던 것입니다. 그래서 다시 시작하기로 마음먹었습니다. 그 당시에는 알지 못했지만, 애플에서의 해고는 제게 일어났던 일 중에서 최고로 잘된 일이었습니다. 성공이라는 중압감은 다시 모든 일에 확인이 없는 초보자라는 가벼움으로 바뀌었습니다. 그래서 저는 제 인생에 있어서 가장 창조적인 시기로 다시 들어갈 수 있었습니다. 그 후 5년 동안 저는 넥스트 또는 픽사라고 불리는 회사를 설립했고 지금 제 아내가 된 아름다운 여성과 사랑에도 빠졌습니다. 픽사는 세계 최초의 컴퓨터 애니메이션 영화인 〈토이 스토리(Toy Story)〉를 제작했고 현재 가장 성공적인 애니메이션 스튜디오입니다. 그리고 놀랍게도 애플이 넥스트를 매입했고 저는 다시 애플로 복귀할 수 있었습니다. 넥스트에서 저희가 개발했던 기술이 애플의 르네상스를 일으킨 핵심 내용이 되었습니다. Laurene과 저는 아름다운 가족도 이루었습니다. 제가 애플에서 해고되지 않았다면 이 중 어떤 일도 불가능했을 거라고 확신합니다. 약은 입에 쓰지만 환자에게는 그 약이 꼭 필요합니다. 때로는 삶이 여러분의 머리를 벽돌로 세게 내리칠 수도 있습니다."

출처: www.news.stanford.edu/2005/06/12/youve-got-find-love-jobs-says

15
CPS의 과정

창의적 문제해결, 즉 CPS 과정은 각 상황 속에서 문제를 인식하고 문제해결 과정에서 '확산적 사고'와 '수렴적 사고'가 반복적으로 이루어지면서 해결책을 발견하여 실행하고 평가하는 방법(김영채, 2014; Treffinger, Isaksen, & Doeval, 2000)이다. CPS는 'Creative Problem Solving'의 약자로, 기회, 도전을 인식하여 아이디어를 자극하는 문제의 진술, 문제와 관련된 다양한 아이디어 생성, 아이디어를 선택·분석해 가능한 해결책을 행동에 옮길 구체적이고 자세한 계획을 설계하는 과정이다. 그 과정에서 생성하기(generating)와 초점 맞추기(focusing)의 사고를 상호 조화롭게 사용하는데, 생성하기는 '확산적 사고'로 문제를 다양한 관점에서 보면서 새로운 가능성을 생성하는 것이고, 초점 맞추기는 '수렴적 사고'로 문제상황에 주의를 기울이고, 정당하고 구조적으로 가능한 것을 탐색하기 위한 사고나 행동에 초점을 모으는 것이다.

1. CPS의 개념

CPS는 문제해결 유형 중 하나로, 당면한 문제에 대해 창의성을 통한 해결법을 찾는 정신 작용이라고 볼 수 있다. 일반적인 문제해결은 창의성을 발휘하기 어렵거나 결여되기 쉬운 암기나 단순 이해를 바탕으로 문제를 해결한다는 점에서 창의적 문제해결과 차이점이 있다고 볼 수 있다. CPS는 Isaksen, Dorval과 Treffinger가 정의한 것처럼 비구조적인 문제의 해결을 요하는 문제해결의 특별한 형태이다(2006). 지식과 기능, 그리고 동기를 바탕으로 확산적 사고와 수렴적 사고가 상호작용하는 가운데 새로운 산출물이나 해결책을 만들어 내는 사고 과정으로 정의한다.

창의적 문제해결력 신장을 위한 많은 프로그램이 개발되었으며, 대표적인 예는 다음과 같다(Osborn, 1953; de Bono, 1973; 박도인, 2007; Hmelo-Silver, 2004). 1953년에 Osborn이 'Creative Problem Solving (CPS)'을 발표하고, 1973년에 De Bono가 'CoRT(Cognitive Research Trust) Thinking Problem'을 내놓았다. 1974년에 Torrance가 'Future Problem Solving Program(FPSP)'을 발표하고, 같은 해에 Convington, Crutchfield, Davies와 Olton이 '생산적 사고 프로그램(Productive Thinking Program)'을 제안했다. 1980년에 Barrows와 Tamblyn이 구체화한 '문제중심학습(Problem-based Learning: PBL)'이 나왔으며, 1986년에 Adams가 '오딧세이(Odyssey)'를 발표하였다.

2. CPS 과정

CPS 과정은 Osborn(1952)이 창의적 문제해결력을 신장하기 위해 창의적으로 사고하고 문제를 해결하는 단계를 최초로 총 7단계(문제 부각, 관련 자료 수집, 적절한 자료의 분류, 대안적인 아이디어 생성, 부화, 통찰, 종합, 확인)로 분류하여 CPS 모형(Version 1.0™)으로 처음 제시되었다. 이를 다시 Parnes(1981)가 Osborn이 제안한 CPS 모형을 총 5단계(사실 발견, 문제 발견, 아이디어 발견, 해결책 발견, 수용)로 재구성하여 발표(CPS Version 2.2™)하였다. 이후 다시 Isaksen과 Treffinger(1985)는 '확산적 단계(divergent phase)'와 '수렴적 단계(convergent phase)'를 적용하고 더욱 체계화한 후 6단계(관심영역 찾기, 자료 찾기, 문제 찾기, 아이디어 찾기, 해결책 찾기, 수용책 찾기)로 발전(CPS Version 3.0™)시켰다. 이때 확산적 단계는 많은 아이디어를 생성하는 단계이며, 수렴적 단계는 이중 가장 좋은 아이디어나 답안을 선택하는 단계로 볼 수 있다.

〈표 4-1〉은 Isaksen과 Treffinger(1985)가 발표한 창의적 문제해결 모형과 각 CPS Version 3.0™ 단계별 확산적 단계와 수렴적 단계에 대해 설명하고 있다.

〈표 4-1〉 CPS Version 3.0 ™의 CPS 단계와 각 단계별 확산 · 수렴적 단계

확산적 단계	CPS 단계	수렴적 단계
관심영역 발견을 위한 경험, 역할, 상황을 탐색. 경험에 대한 개방성. 기회 탐색	1단계 관심영역 찾기	도전/모험이 허락되고 이에 반응하기 위한 체계적인 노력 수행
자료 수집. 상황을 다양한 관점에서 탐색. 정보, 인상, 느낌 등을 수집	2단계 자료 찾기	가장 중요한 자료에 대한 확인 및 분석 수행
하위 문제들을 포함한 문제들에 대한 많은 작성	3단계 문제 찾기	실제적인 문제를 선택
작성된 문제에 대한 대안과 가능성을 개발하고 목록화	4단계 아이디어 찾기	가장 가능성 있고 흥미로운 아이디어 채택
아이디어에 대한 검토 및 평가를 위해 가능한 한 많은 기준 생성	5단계 해결책 찾기	아이디어를 평가하기 위한 중요한 기준 선택. 기준은 아이디어 평가, 강화, 정교화에 사용
해결책에 대한 가능한 동의와 반대 고려: 잠재적인 이행 단계 확인	6단계 수용책 찾기	가장 유망한 해결책에 대한 집중 및 준비: 해결책을 실행하기 위한 구체적인 계획들을 형성

여러 번의 수정을 거쳐 Isaksen, Dorval과 Treffinger(2000)는 CPS Version 6.1™을 발표하였다. CPS Version 6.1™은 기존의 6단계에서 프로그램을 관리하기 위한 '과정 디자인'과 '과제평가' 단계가 추가되어 총 8개의 단계로 구성되었다. 즉, 4개의 구성 요소와 8개의 구체적인 단계이다. 각 단계별 명칭은 CPS Version 3.0™과 조금씩 다르지만 실질적인 핵심 내용은 동일하다고 볼 수 있다. [그림 4-2]는 CPS Version 6.1™의 체계(framework) 모형이다(Isaksen & Treffinger, 2004; Isaksen & Treffinger, 2005).

CPS Version 6.1™은 4가지 요소와 8개의 하위 단계로 구성된다. 4가지 요소는 '문제 이해하기' '아이디어 생성하기' '행위를 위한 계획' '접근 방법 계획하기'로 나뉜다. 첫 번째 구성 요소인 '문제 이해하기'는 '기회 구성' '자료 탐색' '문제 구조화하기'의 하위 단계로 이루어져 있다. 이 과정에서는 광범위한 목표, 기회를 조사하며 문제해결의 중요한 방향을 위해 생각을 명확하게 초점을 맞춘다. 이 과정에서는 하나 혹은 그 이상의 하위 단계를 사용하게 된다.

두 번째 구성 요소인 '아이디어 생성하기'는 다양하고 창의적인 아이디어를 생성한다. 이 요소는 과제를 해결하기 위해서 생각을 넓혀 주고 고정관념을 깨는 데 도움을 준다.

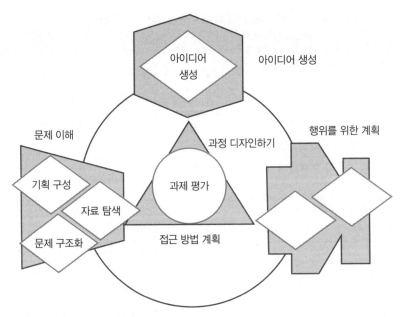

[그림 4-2] CPS Version 6.1™의 체계모형(Isaksen, Dorval, & Treffinger, 2000)

세 번째 구성 요소인 '행위를 위한 계획'은 '해결책 개발하기' '수용안 세우기'의 하위 단계로 이루어져 있다. 이 단계에서는 문제해결이 가능해 보이는 다양한 방법을 탐색하고 성공적인 실행을 할 수 있도록 준비한다. 가장 성공적으로 문제해결이 가능한 방법을 창의적으로 생성한다.

네 번째 구성 요소인 '접근 방법 계획하기'는 '과정 디자인하기'와 '과정 평가하기'의 하위 단계로 이루어져 있다. 이 과정은 CPS를 적용하고 있는 동안에 본래의 목적에 맞게 과제를 해결할 수 있도록 관리해 주는 과정이다. 통합적 구성요소로 구성되어 CPS모델의 중심에 배치되는데, 이는 사고의 흐름을 계속적으로 모니터하고 관리하여 수정하는 역할을 한다. 4가지의 요소와 8개의 하위 단계는 〈표 4-2〉와 같다.

〈표 4-2〉 Isaksen과 Treffinger의 CPS Version 6.1™ 과정

요소	하위 단계	내용
문제의 이해	기회 구성	폭넓고 간결하고 유익한 기회나 목적을 진술하는 단계이다.
	자료 탐색	문제해결과는 다른 관점의 다양한 자료를 검토하고 과제나 상황의 가장 중요한 요소에 초점을 맞추는 과정이다.
	문제 구조화	주어진 문제상황에 대해 다양하고 독특한 질문을 생성한다. 문제해결에 대한 동기나 흥미를 형성하는 단계이다.
아이디어 생성	아이디어 생성	다양하고 창의적인 아이디어를 생성한다.
행위를 위한 계획	해결책 발견	창의적인 결과를 얻기 위해서 다양한 전략과 방법을 사용한다.
	수용안 세우기	문제해결에 도움을 주는 요인과 방해요인을 고려하여 계획을 세우게 된다.
접근 방법 계획	과정 디자인	창의적으로 문제를 해결하기 위해 가장 적합하도록 계획을 세운다.
	과제 평가	해결책의 제약조건을 결정한다.

한편, 한국에서는 김영채(1999)의 '창의적 문제해결'을 중심으로 교육 및 산업분야에서 미래 문제해결 프로그램(Future Problem Solving Program: FPSP) 및 CPS가 널리 알려지고 활성화될 수 있었다. 이 책에서는 한국에서의 CPS를 타당화해 나가고 확산시키는 데 기여한 김영채, 정세영과 정혜인(2021)의 CPS모델의 단계를 활용하여 창의적 문제해결 과정을 경험해 볼 수 있도록 설계하였다.

제4부 창의적 문제해결 과정의 적용: 삶의 지혜

16
CPS 과정의 적용

개인으로 CPS 과정을 경험하고, 팀이나 집단을 이루어 CPS 과정을 함께 경험할 수 있다. 점차 시대는 집단 창의성(collective creativity)을 요구하기 때문이다. 현대는 창의성이 높은 한두 명의 영웅이 활동하는 시대라기보다는 상호 연결된 '집단 창의성'이 힘을 발휘하는 때이다. CPS 과정은 개인 또는 팀을 구성하여 협력적으로 참여할 수 있다.

읽을거리

디지털크리처의 창출과 집단의 협력

'디지털크리처'는 사물·식물은 물론 인간·동물·외계인·외계괴물까지 생명체를 실제 현실적으로 보는 것과 같이 표현하는 소프트웨어 기술이다. 〈킹콩〉〈트랜스포머〉〈아바타〉는 물론 〈해운대〉에서 디지털크리처의 사례들을 쉽게 볼 수 있다. '혼합현실 기술'은 말할 때 입모양을 정확하게 분석·표준화한 것을 애니메이션이나 영상물에 접목하여 시각화한 기술이다. 증강현실(augmented reality) 원리를 사용한 '체감형 사물 인지 기술'은 RFID 칩이 내장된 모형 등을 리더기로 사물을 파악할 수 있도록 하는 것이다. 또한 오래되거나 부서진 문화재 원형을 디지털로 복원하는 것이 '디지털 복원 기술'도 주요 CT기술이다. 2011년 11월에는 1703년에 만들어진 명품 바이올린 '스트라디바리우스(Stradivarius)'가 X-선 스캔 기술을 활용한 디지털 복원 기술로 원품과 비슷하게 복원될 수 있었다(전명남, 2012). 디지털크리처를 만들기 위해 개인뿐만 아니라 많게는 수십 명의 사람들이 협력한다.

[그림 4-3] 디지털크리처로 구현된 융합콘텐츠인 영상물 예시

CPS 과정과 방법에 대해서는 많은 연구들이 이어졌고, 그 단계를 구체화하게 되었다. CPS 과정은 '문제의 확인/발견' '아이디어 생성' '행위를 위한 계획'의 3요소로 크게 구분되며, 이는 구체적으로 '도전의 발견' '자료의 탐색' '문제의 발견' '해결 아이디어의 생성' '해결책의 개발' '행위계획의 개발'의 6단계로 구성된다(김영채, 정세영, 정혜인, 2021). 창의적 문제해결과 과정과 방법에 대해서는 많은 연구들이 이어졌고, 그 단계를 구체화하게 되었다.

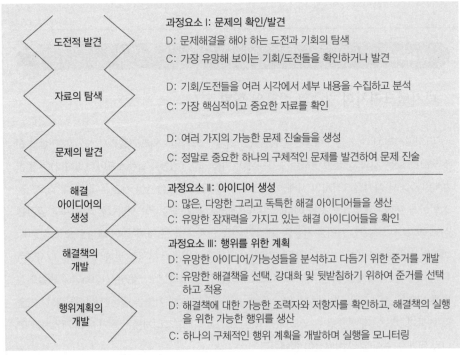

도전적 발견	과정요소 I: 문제의 확인/발견
	D: 문제해결을 해야 하는 도전과 기회의 탐색
	C: 가장 유망해 보이는 기회/도전들을 확인하거나 발견
자료의 탐색	D: 기회/도전들을 여러 시각에서 세부 내용을 수집하고 분석
	C: 가장 핵심적이고 중요한 자료를 확인
문제의 발견	D: 여러 가지의 가능한 문제 진술들을 생성
	C: 정말로 중요한 하나의 구체적인 문제를 발견하여 문제 진술
해결 아이디어의 생성	과정요소 II: 아이디어 생성
	D: 많은, 다양한 그리고 독특한 해결 아이디어들을 생산
	C: 유망한 잠재력을 가지고 있는 해결 아이디어들을 확인
해결책의 개발	과정요소 III: 행위를 위한 계획
	D: 유망한 아이디어/가능성들을 분석하고 다듬기 위한 준거를 개발
	C: 유망한 해결책을 선택, 강대화 및 뒷받침하기 위하여 준거를 선택하고 적용
행위계획의 개발	D: 해결책에 대한 가능한 조력자와 저항자를 확인하고, 해결책의 실행을 위한 가능한 행위를 생산
	C: 하나의 구체적인 행위 계획을 개발하며 실행을 모니터링

*'D'는 확산적 사고, 'C'는 수렴적 사고임.

출처: 김영채, 정세영, 정혜인(2021).

첫째, '문제의 확인/발견' 요소는 광범위한 목표, 기회 또는 도전을 조사하며 문제해결의 주요 방향을 구성하기 위해 생각을 분류하고, 형성하고, 초점화하게 된다. 이 구성 요소에는 '도전의 발견' '자료의 탐색' '문제의 발견'의 세 하위 단계가 포함되어 있는데, 목적 및 목표 또는 추구하는 방향을 탐색할 때, 이 중에서 하나 이상의 단계를 사용하면 된다. '도전의 발견' 단계에서는 광범위하고 간결하게 기회와 목적을 진술하고 가능한 기회와 도전을 고려하며, 추구해야 할 목적을 확인하게 된다. '자료의 탐색' 단계는 여러 관점에서 많은 자료를 조사하는 것을 말한다. 과제나 상황의 가장 중요한 요소들에 초점을 맞추어서 상황에 대해 알고 있는 것이 무엇인지, 무엇을 알 필요가 있으며, 알기를 원하는지를 생각해야 한다. '문제의 발견' 단계는 문제를 발견하기 위해 많고 다양하며 비범한 방법을 생성하는 것을 말한다. 이를 통해 '문제의 발견'을 기술하는 하나의 특정한 문장 진술에 초점을 맞춘다. 이때 "우리는 할 수 없다. 왜냐하면……"의 문장보다는 "어떻게 하면 우리가……"의 문장으로 생각하는 것이 도움을 준다.

이웃 동네로 이사하기

여학생 한 명이 살고 있던 아파트에서 다른 아파트로 이사를 할 일이 생겼다. 그 학생은 커다란 가구를 옮겨야 했는데 어떻게 해야 할지 도저히 엄두를 내지 못했다. 만약 가구를 옮길 수 없다면 두고 가는 수밖에 없었다. 학생은 집 안을 둘러보다가 몇 주 전 파티를 하고 난 뒤 남은 와인 한 상자를 발견했다. 아하! 여학생은 지역 온라인 커뮤니티의 게시판에 와인 한 상자와 자신의 가구를 베이 브리지 건너로 운반해 줄 차량 편을 교환하기를 원한다는 글을 올렸다. 그리고 몇 시간 후 가구를 모두 옮길 수 있었다. 집 한구석에서 먼지만 뒤집어쓰고 있던 와인이 가치 있는 동화로 변신한 것이다. 여기에서 와인을 동화로 변신시킨 것보다 더 중점을 둘 부분은 이 여학생에게 삶을 그러한 기회로 볼 수 있도록 하는 능력과 동기이다(강은진, 2010).

둘째, '아이디어 생성' 요소는 한 단계로 이루어져 있는데, 많고 새로운 가능성들을 찾아내는 것을 말한다. 이때 브레인스토밍의 방법을 활용할 수 있다. 확산적 사고와 수렴적 사고 방법들을 적용한다.

셋째, '행위를 위한 계획' 요소는 전도 유망한 대안들을 실행 가능한 해결책으로 탐색해 보고 성공적인 실행을 위해 준비하는 것이다. 구체적으로는 '해결책의 개발'과 '행위 계획의 개발'의 두 단계가 있는데, 이 중에서 하나 이상의 단계를 사용한다. 해결책의 개발은 유망한 선택을 분석, 개발, 수정하고 그러한 선택을 전도 유망한 해결적으로 바꾸기 위해 신중하게 전략과 도구를 적용한다. 행위 계획의 개발에서는 해결책의 성공적 실행에 영향을 줄 수 있는 가능한 요인을 찾아내고 도움이 되는 요인과 방해 요인을 고려해 가능한 자원을 찾는 과정을 말한다. 이 단계는 창의적인 아이디어를 성공적으로 실행하도록 돕는다.

CPS 과정은 확산적 사고와 수렴적 사고를 조화롭게 사용하여 문제를 찾아내고, 관련 자료를 탐색하여 문제를 구체적으로 만들어 내고, 다양한 아이디어를 생성해서 최선의 해결안을 선택하는 사고 과정이다(Treffinger, 2006). CPS의 6단계에서 확산적 사고와 수렴적 사고를 활용하면서 진행해 볼 수 있다(활동4-1부터 4-6까지 CPS 과정의 적용).

활동 4-1 | **'김대학'의 고민 시나리오를 활용한 CPS 도전의 발견**

활동목표	'김대학'의 고민 시나리오를 활용하여 CPS의 '도전의 발견' 과정을 수행할 수 있다

도전의 발견: '도전의 발견' 단계는 문제를 확인하고 발견하는 요소의 첫 번째 단계이다. 불확실하고 애매한 상황에서 광범위한 도전과제를 인식하게 되는 과정이다. 상황이 넘을 수 없는 장벽이라기보다는 창의적 문제해결력을 발휘할 수 있는 하나의 기회라는 의미에서 '도전의 발견'이라고 한다. 다음의 '김대학의 고민' 문제 시나리오를 읽고 '도전의 발견' 활동을 해 보자(S시와 B시는 현재 가까운 지역사회 도시를 적용).

김대학의 고민

나는 21세기 한국의 청년 '김대학'이다. 어릴 때부터 다른 사람들과 함께 어울리기를 좋아하던 나는 다니는 대학은 물론 S시 지역 내의 다른 대학에까지 널리 알려져 있다. 그러나 대학생이 된 지금은 내가 빛 좋은 개살구 같은 모양새같이 느껴진다. 많은 친구가 있다고 알려져 있지만 실제 친구들과의 만남이 많이 줄어드는 것이다. 한편, 최근에는 내가 대학 졸업 후에 도대체 무엇을 할 수 있는 사람인지 알 수 없어 잠을 잘 수가 없을 정도로 고민하고 있다. 앞으로 무엇에 관심을 가지고 어떤 분야로 진로를 잡고 취직해야 할지에 대해서 정리하지 못하고 있다. 또 다른 고민은 대학을 졸업하기 전에 결혼하고 싶은 이성 친구도 만들고 싶은데, 내가 좋아하는 이성 친구는 나를 좋아하지 않는다. 이성문제조차도 빛 좋은 개살구인 것 같아 한숨이 푹푹 나오곤 한다. 또한 '사이버 역설'이라고 할 수 있는데, 게임이나 톡, 가상현실, AI 발달로 사이버 친구와는 절친한 우정을 쌓게 되지만, 현실 속 친구들과는 나눔의 시간이 줄어든다. 내가 관심 있는 분야로 진로를 가고 싶지만, AI 활용 업무 자동화, AI 면접, 단순노동 로봇 활용, 무인 마트, 드론 택배 배달, 챗GPT 등의 발달로 지금 무엇을 준비했거나 하는 것이 좋을지 보이지 않는다.

대학에 입학한 후 하루도 쉬지 않고 서클 활동과 친구들과의 교제에만 전념해 왔던 탓으로 전공은 물론 교양을 포함한 학부 성적은 5점 만점에 2.5대의 학점을 보이고 있어, 내가 열두 살 때 혼자가 되신 어머니께서 아주 안쓰러워하고 있다. 어머니는 내가 공부하고 있는 대학 전공이 마음에 안 드냐며 대학 공부에 관심을 보이시지만, 나는 전공 공부에서 잘하는 것은 아니어서 오히려 학과 활동만 열심히 해 왔다. 도서관에서 공부만 하는 친구들이 때로는 부럽기도 하지만, 성격상 그렇게 혼자 떨어져서 공부해 내는 스타일이 못 된다.

김대학이 살고 있는 S시에서는 1년 뒤에 전 세계의 관심 있는 대학생들이 물밀듯이 찾아오는 행사인 '로봇공학, 과학, 시스템 세계 대학생 축제'를 개최할 예정이다. 세계 대학생 축제를 통해 참여하는 국내·외 대학생들의 관심사를 서로 알리고 교류와 친목을 다지는 것을 목적으로 하고 있다. S 시는 인근에 국제공항이 있고, 바다에 접해 있으며, 자연 호수도 많이 있으나 도시오염이 심하여 바다와 호수가 오염에 시달리고 있다. S시는 교육도시로, 관내에 있는 대학만 해도 10개가 넘는다. S 시는 자체 수입원이 낮아서 한국의 다른 대도시에 비해 생활수준이 낮고 국제 행사가 열려도 지원을 거의 해 줄 수 없다. S시는 S시에 소재하고 있는 대학의 졸업생을 대상으로 '지역인재 전형'을 통해 지역공무원을 뽑기도 한다. S시에서 성장하여 직장을 얻지 못하는 청년들은 여러 회사와 공장이 있는 가까운 인근 대도시인 B시로 옮겨 간다. B시의 자동차 회사에서는 지구상의 '석유' 생산이 중단되는 것과 지구환경을 위해 점차 전기자동차와 수소자동차의 상용화에 박차를 가하고 있지만, 현실적으로는 어려운 점이 많다. 석유를 사용하는 자동차와 미래형 차동차를 동시에 생산해 내고 있지만, 회사의 고민도 깊다. 또한 B시에서는 로봇공학을 발달시키고 과학 및 시스템을 구축해서 미래 세대의 산업을 활성화시키고자 시 차원에서 노력하고 있다. S시에서 1년 뒤에 열리는 '로봇공학, 과학, 시스템 세계 대학생 축제도 B시의 재원과 시 차원의 자금 조달로 가능하게 된 것이다. S시에서는 B시에 있는 자동차 회사에 물품을 조달하는 부품업체들만 난립해 있는 상황이라, 이 회사들은 정상 급여를 주기 어려워 지금은 외국인 근로자들을 조달하여 운영하고 있다. 또한 S시의 경제를 힘들게 하고 있는 것 중의 하나는 산업용 로봇이 대량생산되고 성능이 우수해서 공장에서 일하는 근로자들이 점차 필요 없게 되어 가고 있기도 하다. S시의 담당공무원은 교우관계가 좋은 김대학이 세계 대학생 축제의 기획과 운영에 참여하기를 바라고 있다.

한편, 최근에 같은 학과에 다니는 친구들 여섯 명이 모였는데, 집값과 생활비가 많이 드니까 공동생활을 하면 어떻겠냐고 했다. 학교와 본가를 오가며 학교를 다니는 친구는 통학시간이 너무 많이 들고 경제적으로도 비용이 많이 들어서 마음이 맞는 친구들이 함께 있으면서 학교를 다니면 좋겠다고 하고, 현재 자취를 하는 친구들도 혼자서 지내는 것보다는 함께 공동생활을 하면서 집값 부담과 생활비도 줄이면 좋겠다고 했다. 김대학은 같이 해 보자고 하였지만 고민이 앞섰다.

• Parnes(1967)는 도전의 발견에서 도전을 생성해 내기 위하여 필요할 수 있는 여러 가지 질문을 제시하고 있다(김영채 외, 2021). 이를 참고해서 '김대학의 고민' 문제 시나리오를 읽고 다음의 여러 가지 질문을 사용하여 '도전의 발견' 아이디어를 생각해 보자.

- 무엇을 가지거나, 성취하거나 또는 행위하고 싶은가?
- 무엇이 일어나기를 소망하는가?
- 더 낫게 하고 싶은 것은?
- 무엇에 시간을 더 보내고, 돈을 더 소비하고 싶은가?
- 무엇을 인생에서 더 얻고 싶은가?

- 무엇이 아직은 이룩하지 못한 목표인가?
- 무엇이 당신을 화나게 하는가?
- 무엇이 당신을 긴장되고 초조하게 만드는가?
- 무엇을 오해하고 있는가?
- 무엇에 대하여 불평하고 있는가?
- 누구와 더 잘 지내고 싶은가?
- 다른 사람의 태도에서 더 나빠진 어떤 변화는?
- 어떤 변화를 일으키고 싶은가?
- 시간이 너무 걸리는 것은 무엇인가?
- 무엇을 낭비하고 있는가?
- 무엇이 너무 복잡한가?
- 무엇이 방해가 되고 있는가?
- 어떤 것이 비효과적인가?
- 무엇이 견디기 어려운가?
- 무엇을 더 잘 조직화하고 싶은가?

도전 또는 문제를 여러 시각에서 볼 수 있도록 범주 리스트를 사용할 수 있다. 정치, 경제, 문화, 관광, 경제, 기술, 교육, 환경, 통신, 윤리, 건강 등과 같은 범주나 진로, 학습, 기본 욕구, 인간관계, 환경, 경제, 사회적 관심, 생활, 기술 등의 범주를 사용하거나 생성하여서 '도전의 발견' 단계에서 다양한 아이디어를 내는 데 활용할 수 있다.

	도전의 발견 단계에서 아이디어
진로	
학습	
기본적 욕구	
인간관계	
환경	
경제	
사회적 관심	
생활	
기술	
〈　　　〉	
〈　　　〉	

• 도전의 발견: 진술문(예시)
1. 김대학이 '로봇공학, 과학, 시스템 세계 대학생 축제'를 계획하고 진행하는 학생 준비 위원장인 대표가 되면 좋지 않을까?
2. 김대학이 지금보다 공부를 열심히 해서 장학금을 받았으면 좋았을 텐데
3. 김대학이 진로탐색을 좀 더 잘하면 좋지 않을까?
4. 김대학이 마음에 드는 이성 친구를 만날 수 있게 되면 좋지 않을까?
······ 중략 ······
69. S시를 '로봇공학, 과학, 시스템 세계 대학생 축제' 행사로 세계적으로 소문나게 하면 어떤 일이 생길까?
······ 중략 ······
93. 김대학이 대학생들이 함께 살 수 있는 공동생활공간을 만들면 좋지 않을까?
······ 생략 ······

'김대학의 고민을 읽고 도전의 발견 진술문을 만들어 보자.'에서 발견되는 도전 진술문을 훑어보면서 '···이면 황당하지 않을까?'로 우려하는 표현의 진술문은 색깔 있는 펜을 사용하여 그 옆에 "만약 ···을 하면 좋지 않을까?(좋겠다)"로 바꾸어 표현하여 가능한 한 기회를 더 찾아보도록 한다. 도전의 발견의 확산적 사고를 발휘하는 단계이므로 가능한 한 아이디어는 많을수록 좋다.

확산적 사고로 충분한 '도전의 발견' 아이디어를 생성해 낸 다음에, 수렴적 사고를 사용하여 몇 개 또는 하나의 중요한 도전을 선정해 낼 수 있어야 한다. 생성해 낸 아이디어 중에 그럴듯해 보이는 것들을 '힛트'로 체크한다.

✓	1. 김대학이 '로봇공학, 과학, 시스템 세계 대학생 축제'를 계획하고 진행하는 학생 준비 위원장인 대표가 되면 좋지 않을까?
	2. 김대학이 지금보다 공부를 열심히 해서 장학금을 받았으면 좋았을 텐데
✓	3. 김대학이 진로탐색을 좀 더 잘하면 좋지 않을까?
	4. 김대학이 마음에 드는 이성 친구를 만날 수 있게 되면 좋지 않을까?
✓	69. S시를 '로봇공학, 과학, 시스템 세계 대학생 축제' 행사로 세계적으로 소문나게 하면 어떤 일이 생길까?
✓	93. 김대학이 마음에 맞는 친구들과 함께 공동생활공간에 살면서 함께 공부하고 미래를 준비하게 되면 좋지 않을까?

'힛트' 체크한 아이디어들을 다시 비슷한 것끼리 '핫스팟'으로 묶음하는 하이라이팅 기법을 이용할 수 있다 (김영채 외, 2021).

하이라이팅 기법을 적용하여 창의적 문제해결력을 발휘할 만한 '도전의 발견'의 진술문 20~30개 정도를 선별해 보자. '하이라이팅(highlighting)'은 생성된 아이디어 가운데 괜찮다고 여겨지는 아이디어들을 골라낸 다음 비슷하거나 공통적인 특징 또는 요소에 따라 하나의 묶음(culster)을 만드는 것으로, 핫스팟(hot spots)이라고도 한다.

– 하이라이팅 진행절차 –

1. 생성된 아이디어에 순번이나 번호를 붙인다.
2. 아이디어를 차례로 음미하며 읽어 보며 그럴듯하게 보이는 대안들을 선택해 낸다.
   이때 중요한 것은 아이디어의 실현 가능성을 고려하지는 않는다.
3. 핫스팟을 만들고 선택한 아이디어를 핫스팟 내용영역별로 분류해 낸다.
4. 핫스팟을 검토하고 그 의미를 재진술한다.
   두 개 이상의 핫스팟을 조합해서 하나의 진술문으로 만들어도 된다.
5. 문제 시나리오의 요구를 가장 잘 충족시키는 것으로 판단되는 핫스팟을 선택한다.

지금까지 생성된 '도전의 발견' 아이디어 가운데 가장 적절한 도전 아이디어를 도출해 보자. 평가준거를 적용하여 최선의 것을 골라내 보자. 평가준거는 창의적 문제해결 집단 구성원의 합의에 의해 도출한다. 다음 예는 흥미, 영향력, 상상력 등의 준거를 기준으로 사용했는데, 이에 부가하여 팀원이 결정한 준거 '중요성' '우선순위(집단구성원의 합의에 따라 변경 가능)'의 준거를 가지고 1점(거의 그렇지 않다)에서 5점(아주 그렇다)의 점수를 주어 최선의 '도전의 발견' 진술문을 골라내는 방법을 사용한 예시이다.

하이라이팅 된 '도전의 발견' 진술문 번호 / 평가준거	흥미	영향	상상력	중요성	우선순위	총점	순위
1	+	+	−	4	1	7	
2	−	+	+	3	3	8	
3	+	−	+	5	2	9	
4	−	−	−	1	4	5	
5	+	+	+	4	5	12	1
6	−	+	+	2	2	6	

지금까지 생성된 '도전의 발견' 아이디어 가운데 가장 적절한 도전 아이디어를 도출해 보자. 흥미, 영향력, 상상력, 중요성, 즉시성 이외에도 상황에 적합한 '평가준거'를 만들고 적용하여 최선의 '도전의 발견' 아이디어를 골라내 보자.

하이라이팅 된 '도전의 발견' 진술문 번호 / 평가준거							
1							
2							
3							
4							
5							
6							

활동 4-2	CPS 자료의 탐색

활동목표	'김대학의 고민' 시나리오에서 출발하여 CPS의 '자료의 탐색'을 과정을 수행할 수 있다

자료의 탐색: 창의적 문제해결의 과정에서 앞 단계인 '도전의 발견'에 관련된 상황을 더 정확하게 이해하기 위한 과정이다. 과제나 상황의 가장 중요하거나 관심 있는 요소들에 초점을 맞추어서 상황에 대해 알고 있는 것이 무엇인지, 무엇을 알 필요가 있으며, 알기를 원하는지를 집중적으로 사고하여야 한다. '김대학의 고민'을 가지고 자료의 탐색 활동을 진행해 보자. 육하원칙에 따라 생성된 질문리스트를 가지고 '알고 있는 자료' '알 필요가 있는 자료' '알면 더 좋을 자료' 를 기준으로 자료를 찾는다.

- 누가?: 누가 관련되는가? 누가 핵심 인물인가? 누가 이해관계가 많은가? 등
- 어디서?: 어디서 일어나는가? 최고의 최하의 장소는 등?
- 무엇을?: 무엇을 하는가? 무슨 일이 있었는가? 무엇이 일어나면 좋을까? 중요한 자원, 재료, 행위, 또는 우려되는 것은? 등
- 언제?: 언제 일어나는가? 행위를 언제? 최적의 시간대는? 등
- 왜?: 왜 이것을 다루어야 하는가? 왜 지금까지 다루지 않았는가? 등
- 어떻게?: 어떻게 바뀌기를 바라는가? 지금까지는 어떻게 다루었는가? 사람들은 이것을 어떻게 생각하는가? 등

(생성된 도전) 예시	알고 있는 자료	알 필요가 있는 자료	알면 더 좋을 자료
김대학이 대학생들이 함께 살 수 있는 공동생활공간을 만들면 좋지 않을까?	공동생활을 하고 있는 학교 옆 공동하우스가 운영되고 있다. 대학생활의 대부분의 시간을 공동하우스의 일상에 쓰다 보니 시간관리나 인간관계가 제한된다. 잘 아는 친구 1명은 학교 성적 우수 장학생이다. 대학생활 관련 정보를 공동하우스에서 공유한다.	함께 공동생활을 하고 싶어 하는 친구들의 실제 필요성은 어느 정도일까? 대학 근처에 적절한 공동생활공간은 있을까? 어떻게 공동생활에 필요한 경제적 자금을 마련할까? 공동생활에 성공한 대학생들은 어떤 방법을 사용하였을까?	공동생활공간에서 일상의 허드렛일을 어떻게 처리할까? 필요한 공동생활 자금을 지불하지 않는 참가멤버들이 생겼을 때를 대비한 규칙이 있을까? 공동생활공간에서 생활하면서 생기는 갈등을 처리할 때 학교 상담실은 도움이 될까? 친한 친구들은 어떻게 생각할까? 부모님은 어떻게 생각할까?

생성된 도전 리스트	알고 있는 자료	알 필요가 있는 자료	알면 더 좋을 자료

자료의 탐색 단계에서도 확산적 사고를 발휘하는 단계에서는 가능한 한 많은 아이디어를 낸다. 이어서 수렴적 사고를 발휘하여, 힛트, 핫스팟, 조직화 등의 방법을 사용하여 CPS 문제의 발견과 이어지도록 만든다.

활동 4-3	**CPS 문제의 발견**

활동목표	CPS의 '문제의 발견' 과정을 수행할 수 있다

문제의 발견: 우리가 해결해야 할 문제뿐만 아니라 가능한 한 모든 문제를 제기해 보고 다양한 문제 진술을 한 다음, 우리가 해결할 문제를 선택하는 과정을 거친다. '김대학의 고민'에서 가능한 한 모든 문제를 제기해 보자. '어떤 방법으로 하면……' '어떻게……'를 사용하여 여러 가지 문제를 진술하는 것이 도움이 된다.

- 문제 생성 규칙
  - 문제는 엉뚱하고 거친 것일수록, 독창적인 것일수록 좋다.
  - 질보다는 양으로 가능한 한 많이 다양하게 문제를 진술한다.
  - 제시된 문제에 대해 판단 금지
  - 이미 제시된 문제를 다시 조합하여 새로운 문제를 만든다.

- 문제 진술
  - 어떤 방법으로 진로탐색을 해 볼 수 있을까?
  - 어떻게 하면 우리가 한국의 미래 산업과 연관된 '로봇공학, 과학, 시스템 세계 대학생 축제'를 잘 개최할 수 있을까?
  - 어떻게 하면 학과 친구들이 잘 지낼 수 있는 공동생활공간을 만들까?

- 문제 진술문을 가지고 다음 '동사'와 '목적'을 변경하여 '문제진술을 매력적으로 만들기'를 한다.

문제진술	동사	목적
어떻게 하면 학과친구들이 잘 지낼 수 있는 공동생활공간을 만들까?	– 즐겁게 살 수 있는 – 좋아할 수 있는 – 행복할 수 있는 – 아프지 않게 사는 – 생활비를 절약하는 – 편리하게 살 수 있는 ⋮	– 학교생활 – 보금자리 – 생활공간 ⋮

→ 어떻게 하면 학과 친구들이 편하고 활발하게 생활할 수 있는 공동생활공간을 만들 수 있을까?

- '문제의 진술 선택하기'를 통해 상황에서의 문제를 해결하기 위한 최선의 문제를 찾는다. 어느 문제가 가장 중요한가? 어느 문제를 가장 우선순위에 두어야 할까? 어느 문제가 아이디어 생성을 가장 잘 해낼지 등(팀원이 합의)도 평가기준이 될 수 있다. 하이라이팅과 평가준거 적용으로 최선의 문제를 찾아낸다.

활동 4-4 **CPS 아이디어 생성**

활동목표	CPS의 아이디어 생성 과정을 수행할 수 있다

CPS 아이디어 생성: 창의적 문제해결력의 문제의 해결 아이디어 생성 단계에서 최종적으로 선정된 문제 진술문에 대한 해결 아이디어를 찾는 데에서 시작한다. 앞에서 진행해 온 '김대학의 고민'에서 최종 선정된 문제에 대한 '해결 아이디어'를 생성해 보자. 브레인스토밍, 브레인라이팅,[1] 브레인드로잉[2] 등을 사용한다.

---

1) 브레인스토밍은 손으로 쓰는 것을 가리킨다.
2) 아이디어를 그림으로 표현하는 브레인스토밍 기법이다.

해결 아이디어를 생성하고 나면 수렴적 사고를 활용한 접근을 시도한다. 대표적인 방법이 '힛트'이다. '힛트' 체크한 아이디어들을 다시 유사한 것끼리 묶는 '핫스팟'으로 진행하고 '핫스팟'에 들어 있는 아이디어에 이름을 붙여 보는 하이라이팅을 해 본다. 또한 '어느 해결 아이디어가 가장 적합한가?' '최선의 해결 아이디어는 어떤 것이 될 수 있을까?' '영향력이 가장 큰 해결 아이디어는?' 등의 질문을 가지고 10~15개 정도의 해결 아이디어를 선정한다.

활동 4-5　CPS 해결책의 개발

활동목표	CPS의 해결책의 개발 과정을 수행할 수 있다

해결책의 개발: 해결책의 개발 단계는 해결 아이디어를 유망한 해결책으로 바꾸는 단계이다. '김대학의 고민'에서 선정된 문제에 대한 해결 아이디어를 해결책으로 바꾸어 보자. 적절하다고 생각되는 아이디어를 수정하고 개선하여 가능한 해결책으로 만든다. 따라서 유망한 해결 아이디어들을 분석하고 평가하며 보다 적절하게 개선한다.

※ 해결 아이디어를 해결책으로 채택하기 위한 판단준거를 만든다. 판단준거의 생성은 상황에 따라 달라지며, 판단준거를 무엇으로 정하느냐에 따라 채택되는 해결책이 달라질 수 있다. 비용, 시간, 공간, 지지, 자원 등은 활용할 수 있는 범용적인 준거이다. 평가행렬법(evaluation matrix)은 제안된 여러 아이디어를 미리 정해 놓은 평가준거를 기준으로 체계적으로 평가하기 위한 방법이다. 다양한 아이디어가 제시되면 5~1, 혹은 +1, 0, −1 또는 10~1을 선택한다. 이 방법을 활용할 때 주의할 점은 준거를 달리하면 결과가 달라진다는 점이다. 따라서 아이디어의 강점과 약점을 고려하고 심사숙고하는 데 활용할 수 있다.

상황에 적합한 평가준거를 가지고 평가행렬표를 만들어 채택하는 과정을 거쳐도 좋다.

평가준거 / 해결 아이디어 번호	준거 1	준거 2	준거 3	준거 4	준거 5	준거 6	준거 7	합계
1								
2								
3								
4								
5								
6								
7								
8								
9								
10								
11								
12								
13								
14								
15								

활동 4-6 CPS 행위 계획의 개발

활동목표	CPS의 행위 계획의 개발 과정을 수행할 수 있다.

행위 계획의 개발: 창의적 문제해결의 단계를 거쳐 온 창의적 아이디어를 성공적으로 실행하는 데 초점을 맞춘다. 지금까지 우리는 '김대학의 고민'에서 문제를 찾아내고 그 문제에 대한 아이디어를 내서 해결책을 개발해 냈다. 해결책을 개발한 다음에는 이 아이디어가 실제 영향력 있게 발휘될 수 있도록 하는 데 관심을 가져야 할 것이다.

해결책을 수행하기 위한 행위 계획을 생성한다. 그리고 힛트와 핫스팟 과정을 통해 적절한 행위 계획을 선별한다.

해결책을 수행하기 위한 행위 계획 생성 과정에서 조력자와 저항자에 대한 실행계획도 생성한다.

가능한 조력자의 확인	가능한 저항자의 확인
• 도움이 되는 사람, 자원, 물건 • 행위 계획의 실행에 적합한 시간과 장소 • 행위 계획의 실행에 적절한 이유	• 반대하거나 실행에 불안을 느끼는 사람이나 이유 • 간과해 버리고 있는 것 • 행위 계획의 실행에 피해야 할 시간과 장소

가능한 실행 내용인 행위 계획을 선후 또는 동시진행 단계로 구분한다. 지금 당장 할 수 있는 행위의 계획 (24시간 이내), 단기 · 중기 · 장기 계획으로 분류하고 조직한다.

당장 할 수 있는 행위 계획(24시간 이내)

단계 계획

중기 계획

장기 계획

제 **5** 부

창의적 문제해결과
캡스톤 디자인

우리가 직면하는 문제는 그것이 만들어졌을 때와 동일한 사고방식으로는 해결할 수 없다.

- Albert Einstein

17
캡스톤 디자인의 필요성

교육 분야에서 '지식에 대한 패러다임'의 변화는 해당 지식으로 산출해 낼 수 있는 특정 결과물 그 이상의 수준으로 넘어섰다. 이는 미래사회에 필요한 역량을 길러 주기 위해 혁신적인 변화(Williamson, 2013)를 일으켰다. 그에 따라 역량 기반 교육과정은 창의적으로 사고하기, 문제해결 능력 기르기, 혁신적인 사고 연습하기 등의 실용적인 능력을 신장시켰다.

이러한 시점에서 '캡스톤 디자인(Capstone Design)'을 활용하는 것은 학문의 실용성을 높이는 것이다. 또한 혁신적인 아이디어를 바탕으로 현실적인 솔루션을 구현하기 때문에 산업 장면에서 일어나는 다양한 문제의 해결 방법론을 배우게 한다. 이는 Moore(2004)가 제시한 캡스톤 디자인의 개념과도 유사하며, 전공 교육에서 이론을 실제의 장면 혹은 여타 분야의 내용들과 연계하도록 만든다.

캡스톤 디자인에서는 학생들이 현실적인 문제를 다양한 각도에서 바라보게 만들고, 기존의 방법과는 다른 해결 과정을 시도하게 한다. 따라서 자연스럽게 창의적인 능력이 발휘된다. 또한 협업을 바탕으로 팀 프로젝트를 수행하기 때문에, 서로의 아이디어를 공유하고 조합하여 창의적인 아이디어를 도출할 수 있도록 이끈다. 이러한 과정은 혁신적인 제품이나 서비스를 개발하는 데 유용하며, 산업 현장에서 활용할 수 있는 실무 능력을 배양하게 한다.

캡스톤 디자인 프로젝트를 학생들이 개별적으로 수행하는 경우도 있지만, 보통은 팀 단위로 진행한다. 프로젝트의 주제 선정은 '교수진, 산업체, 학생'이 직접 참여하여 선택한다. 학생들은 산업체와 협력하여 실제 산업현장에서 발생하는 문제를 해결하거나 새로운 제품 혹은 서비스를 개발하는 프로젝트를 수행할 수 있다. 이를 통해 산업체 경험을 쌓으면 취업 장면에서 경쟁력을 높이게 된다. 현장 직무능력을 키우는 교육이 창의적 문제해결능력과 융합되면 '문제해결력'에 대한 새로운 관점을 만들게 된다.

초기 캡스톤 디자인 교육은 공학 분야에서만 이루어졌으며 디자인 프로세스 중심의 과정을 강조하였다. 이후 공학 분야를 넘어 다양한 분야에 적용되면서 단순 디자인 교육이 아닌 문제해결 능력을 중심으로 하는 창의적 문제해결 교육으로 발전하였다. 이는 산업 및 사회 변화를 바탕으로 창의적인 교육방법을 적극적으로 도입하게 된 것이다.

일반적으로 우리가 대학 교육에 기대하는 철학과 사명은 '이론적 지식'과 '실제적 지식'을 상호보완하는 것이다. 이를 위해 캡스톤 디자인 교육은 학제 간 융합, 협력, 의사소통, 윤리, 현장 맥락 등 다양한 요소를 고려한다. 즉, 역량 중심 교육에서 요구하는 고차적인 사고력을 키우는 것과 같다.

따라서 다양한 학문에서 캡스톤 디자인을 활용한다는 것은 학문별 이론적 지식을 유추, 통합, 비교, 분석, 추론하며 더 나아가 융합적인 사고를 가능하게 한다.

읽을거리

캡스톤 디자인이 우리나라 대학 교육에 적용되기 시작한 것은 2002년 한국공학교육인증원 공학인증제도가 도입되면서부터였다. 그러나 현재는 공학교육뿐만 아니라 모든 계열 학생을 대상으로 대학에서 배운 내용을 현장에 적용할 수 있게 운영하는 교과목이 되었다.

18
캡스톤 디자인의 적용

1. 창의적 문제해결과 캡스톤 디자인

1) 캡스톤 디자인이란

캡스톤 디자인은 캡스톤(capstone)과 디자인(design)을 합한 용어이다. 캡스톤의 사전적 정의는 돌기둥이나 담 위, 갓돌(관석) 혹은 건축물 정점의 장식이나 최고업적(성취)이다. 여기에 디자인이라는 명사가 붙어 합성어가 되면서 '캡스톤 디자인'은 여러 학자에 의해 다양하게 정의되었다.

최초의 캡스톤 디자인은 공학계열 학생들이 산업현장에서 맞닥뜨릴 문제에 대한 해결능력을 배양할 수 있도록 졸업논문 대신 '결과물을 기획, 설계, 제작하는 전체 과정을 경험할 수 있게 하는 교육과정'이었다. 최근에는 공학 분야뿐만 아니라 인문, 사회, 자연, 의약 분야 등 다양하게 캡스톤 디자인 교육과정이 확대·시행되고 있다. 이에 이 책에서도 이를 좀 더 넓은 의미의 교육과정으로 제시하고자 한다.

대학에서 '교육과정'은 교육여건, 학사관리, 학생지원체계, 교육성과 등을 바탕으로 만들어지고 운영된다. 그리고 대학 현장의 취업이나 창업에 기여하는 실용적인 교육프로그램의 확대가 더 필요해졌다. 단순히 교육과정의 양적 증대가 아니라 '4차 산업혁명'과 '공유경제 기반 미래 사회 변화'에 대응하는 '산업·사회 수요 맞춤형 교육 프로그램'의 활성화가 필요해진 것이다.

사회적·지역적 요구를 반영한 산학협력 교육과정은 산업체 수요에 부응하는 '현장 밀착형 인재상' 구축에 효과적인 대안이다. 또한 융·복합, 인문사회·예체능 등 비(非)이공계 분야 산학협력 확대를 통해 산학협력 모델의 다양화를 꾀했다고 볼 수 있다. 이는 단순히 교육과정의 양적 증대가 아니라 미래 사회 변화에 대응하는 맞춤형 교육 프로그램의 활성화를 위한 도전이라 할 수 있다.

2) 문제해결적 사고와 캡스톤 디자인

Dewey의 '반성적 사고'에 기반을 둔 '문제해결적 사고'는 우리가 어떤 문제를 직면했을 때, '문제 상황(problematic situation)'을 해결하기 위해 사용하는 하나의 방법이다. 문제를 해결하기 위해서는 '문제'가 무엇인지 살펴보고 탐구하는 시간이 필요하다. 문제를 살펴보는 시간은 곧 문제를 확인하는 것이며, 그리고 이 문제가 진짜 문제인지 아닌지 판단하는 시간을 포함한다. 이를 Heflish와 Iran-Nejard(1995)가 정리하여 '제안(suggestion)−지적분석(intellectualization)−가설(hypothesis)−추론(reasoning)'의 단계로 설명하였다.

문제해결적 사고는 Osborn(1953)에 의해 제안된 창의적 문제해결(Creative Problem Solving) 단계로 설명할 수 있으며, Treffinger와 Isaksen(1985)의 CPS 모형으로도 말할 수 있다. 해당 모형은 '관심영역의 발견−사실의 발견−문제의 발견−아이디어의 발견−해결책의 발견−수용의 발견'의 6단계로 구성된다. '반성적 사고'가 문제들을 조정하는 것이 목표라면, '문제해결의 과정'은 문제를 해결하는 데 필요한 자원을 탐구하는 것에 관심이 있다.

문제해결은 종종 컴퓨팅 사고(Wing, 2006)로 언급되는데, 이는 컴퓨터(사람이나 기계)가 효과적으로 수행할 수 있도록 문제를 정의하고 그에 대한 답을 기술하는 것이 포함된 사고 과정으로 정의된다. 따라서 문제해결 과정은 '문제의 인식−문제의 이해−계획의 수립−실행 및 검토−문제의 해결'로 정리할 수 있다.

문제해결적 사고를 바탕으로 하는 캡스톤 디자인은 교과들의 주제나 계열에 따라 이론을 활용하는 방법이 다양하다. 이론을 확장 혹은 적용, 타 이론을 차용하는 과정에서 발생 가능한 문제의 해결을 창의적인 기법으로 진행한다. 따라서 '문제'가 곧 교과의 주제가 되며, 학습해야 할 콘텐츠가 되기도 한다.

3) 디자인 사고와 캡스톤 디자인

Brown은 『Change by Design(2009)』에서 '디자인 사고(design thinking)'를 영향력 있고 효율적이며 광범위하게 채택할 수 있는 혁신적인 방식이라 하였다. 이 방식은 비즈니스부터 사회의 전 영역까지 모든 차원에서 통합될 수 있다. 그리고 개인과 팀이 이를 이용해 혁신적인 아이디어를 만들어 실생활에서 실현하고 작동시키는 것이라 하였다. 더하여 디자인 학교를 졸업해야만 디자인 사고를 할 수 있는 것이 아니라, 필요한 경험을 쌓으면 잠재적인 능력이 드러난다고 하였다. 그는 5가지의 디자인 사고의 특성으로 공감(empathy), 통합적 사고(integrative thinking), 낙관주의(optimism), 실험주의(experimentalism)와 협업(collaboration)을 말하였다. 즉, 인간의 요구와 기술의 가능성, 비즈니스 성공의 요구를 하나로 통합한 '인간중심의 혁신적 방법'이라고 하였다.

가장 잘 알려진 디자인 사고는 1980년대 스탠포드대학교에서 시작되었으며, 이는 학생들에게 인간의 욕구를 먼저 고려하여 소비자의 요구에 맞는 제품과 서비스 등 혁신적인 솔루션을 개발할 수 있다고 하였다(Lugmayr et al., 2014). 문제 상황을 관찰하고, 문제해결이 필요한 대상에 대한 이해를 바탕으로 공감하여, 문제를 정의하는 것이 디자인 사고의 첫 번째 과정이다. 더불어 문제해결을 위한 다양한 아이디어를 내고, 다소 불완전해 보이는 결과물을 제작 및 시험하는 과정을 반복함으로써 디자인 사고가 발휘되는 것이다.

디자인 사고를 바탕으로 하는 캡스톤 디자인은 산업계 전반의 다양한 관점을 고찰한다. 이는 직관적 아이디어를 도출하고 공감을 통한 의사소통을 용이하게 한다. 결국 이것은 현업에서 흔히 적용되는 인간중심 디자인 툴키트 'IDEO의 디자인 사고 방법론'에 준한다고 해도 과언이 아닐 것이다.

4) 지역사회 연계와 캡스톤 디자인

캡스톤 디자인을 지역사회와 연결하는 것은 지역사회가 가진 문제해결을 위해 지금까지와는 다른 새로운 해결방안을 마련하는 것이다. 즉, 대학에서 습득한 전공 지식에 조사 및 수집한 정보를 바탕으로 창의적인 문제해결력을 발휘하여 의사결정하는 것을 말한다.

캡스톤 디자인을 지역사회 문제 중심으로 시도하는 것은 과제나 문제들이 복잡하고 비구조화되어 있는 문제일 수 있어서다. 또한 다양한 분야의 지식들이 복잡하게 섞여 있는 문제이거나, 단일한 방법으로는 해결이 불가능한 문제일 수도 있다. 이러한 문제는 '실제 일어나고 있는 지역사회의 문제' 그리고 '혼자 힘으로는 역부족인 문제' 등이 될 것이므로 융합적 사고, 융복합적 아이디어를 통해 캡스톤 디자인을 시도해야 한다.

지역사회의 '문화에 대한 이해'와 '사회적 책임'을 인식하는 것은 공동체 의식의 전환점이 될 수 있다. 이러한 점에서 지역사회와 연계된 캡스톤 디자인은 사회적 문제 해결력을 개발하는 것과 동시에 지역사회 참여에 긍정적인 효과를 주게 된다. 그리고 그저 이론에 그치는 것이 아니라 일상생활에서 수행할 수 있는 능력까지 함양시킨다. 그러므로 특정 학문 혹은 주제에 국한되어 있는 것이 아니라 다양한 학문 및 주제 영역들에 얽혀 있는 문제를 해결할 수 있는 것이다. 다학문적 접근이나 학제적 접근 같은 융복합적 학문의 강조는 새로운 기술과 신산업들이 끊임없이 등장하고 있기 때문에 무엇보다 중요하다.

지역사회를 연계한 캡스톤 디자인 수업은 두 가지 형태로 나타날 수 있다. 첫째로 교과목 간의 영역 구분을 허물고 사회적으로 주요한 문제를 중심으로 새로운 학습 내용과 교과목을 구성하는 활동을 진행한다. 둘째로는 재구조화된 형태로 지역사회가 요구하는 문제를 바탕으로 교육이 진행되는 것이다. 수업의 '설계 단계'부터 지역사회 내에서 직접적으로 경험할 수 있는 과제로 설정해야 한다. 더하여 지역사회 기반의 현상과 어려움을 기초로 해야 하며, 해당 결과에 대한 성찰이 이루어질 수 있는 '평가 시스템'도 함께 마련되어야 할 필요성이 있다.

이렇듯 지역사회에 연계된 캡스톤 디자인은 일방향적인 문제해결이 아니라 문제해결의 제공자와 대상자 간의 상호작용이 주요한 특징이다. 즉, 지역사회를 평가하고 관찰하며 서로 긍정적인 관계를 형성하는 것이 이 과정의 가장 기본이자 핵심이다. 대학에서는 이를 산학협력 증진을 위한 봉사와 프로젝트형 학습을 연계한 '산학협력 융합형 프로그램'이라고 한다.

2. 교육과정의 특성

1) 이공계열 캡스톤 디자인

　이공계열의 캡스톤 디자인 교육은 제품을 '기획, 설계, 개발'할 수 있는 교육, 즉 종합적인 능력을 배양하는 교육이어야 한다. 또한 학생들의 협업 능력 및 커뮤니케이션 능력, 문제해결 능력, 설계 능력 등의 함양을 바탕으로 '실무 능력 향상'에 그 목적이 있다. 이 과정을 통하여 단지 해당 교육과정을 경험하는 데 그치는 것이 아니라 장기적인 교육성과를 도출하고자 한다.

　해당 과정은 학습자에게 '산업체가 지닌 문제 중심으로 능동적인 상호작용'을 하게 만든다. 또한 팀 프로젝트를 진행하며, 반성적 사고를 포함한 '경험학습'도 가능하게 한다. 이러한 과정은 반성적 고찰을 통해 추상적인 것을 보다 '능동적인 형태'로 실험하기에 학습의 결과보다는 그 '과정'에 초점이 맞춰져 있다. 이는 Kolb(1984)의 학습 개념(경험을 통하여 지식이 창조되는 과정)과 일맥상통하며, 더 나아가 다양한 경험을 통합하는 순환적 과정이라 할 수 있다.

읽을거리

Kolb의 학습

학습이란 구체적 경험, 반성적 관찰, 추상적 개념화, 능동적 실험의 양식을 포함하는 순환적 과정이다.

- 구체적 경험(concrete experience: CE)
  특정한 사건을 경험하며 사람과의 관계를 바탕으로 배우고, 오감을 이용하여 타인이나 타인의 감정에 대해 민감하게 반응하는 것
- 반성적 관찰(reflective observation: RO)
  반추하기, 판단 전에 깊이 있게 생각하기, 사건의 다른 측면 바라보기, 사물의 의미 찾기

- 추상적 개념화(abstract conceptualization: AC)
  논리적 분석, 조직적 계획, 현상에 대해 자기 이해를 가지고 행동하는 것과 생각하기
- 능동적 실험(active experimentation: AE)
  행동하기, 위험 감수하기, 행동을 통해 사람이나 사건에 영향을 미치는 방법 적용하기

이공계열에서 학습자 경험은 산업체가 가진 이슈의 본질을 파악하여 이론적 사실과 현장의 경험을 구별하여 이해하도록 돕는다. 이는 단순한 지식의 습득이 아닌 이해를 통한 직업적 자기 인식 및 가치관의 획득과 연결된다. 이 과정의 교육목표와 운영 방향은 다음과 같다.

- 열린 문제의 이해와 아이디어 발상
- 시스템 개발에 필요한 계획
- 요구분석 및 설계
- 구현 과정의 종합설계 경험 습득
- 공학 문제해결 체험을 통한 기술 연습
- 프로젝트의 기획 및 운영과 결과 보고
- 각 과정에 필요한 문서 작성 및 프레젠테이션 능력
- 팀워크 및 커뮤니케이션 능력

수업은 일반적으로 두 학기에 걸쳐 1년 동안 진행한다(McKenzie, 2004). 보통 1학기에는 팀 구성 및 프로젝트 선정이 이루어진다. 그리고 3~4주간 프로토타입 형태의 간단한 미니 프로젝트를 수행한다. 추후 수행할 과제를 선정하고, 시스템 계획, 요구사항 분석, 설계 및 제작이 진행된다. 시스템 개발은 주로 학기 말인 6월부터 시작해 여름 방학 중에도 계속된다. 방학 중 개발 내용을 발표하고, 수정을 거친다. 2학기에는 10월 중순에 최종 개발을 완료하고, 10~11월에 교내·외 전시 및 경진대회에 출품한다. 마지막으로, 캡스톤 디자인 관련 논문을 작성 후 11월에 최종 보고서를 제출한다.

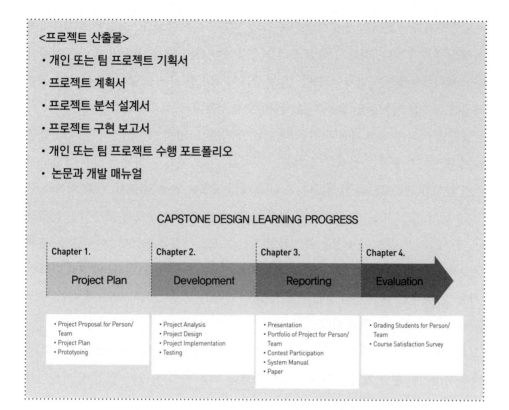

<프로젝트 산출물>
• 개인 또는 팀 프로젝트 기획서
• 프로젝트 계획서
• 프로젝트 분석 설계서
• 프로젝트 구현 보고서
• 개인 또는 팀 프로젝트 수행 포트폴리오
• 논문과 개발 매뉴얼

CAPSTONE DESIGN LEARNING PROGRESS

Chapter 1.	Chapter 2.	Chapter 3.	Chapter 4.
Project Plan	Development	Reporting	Evaluation
• Project Proposal for Person/Team • Project Plan • Prototyoing	• Project Analysis • Project Design • Project Implementation • Testing	• Presentation • Portfolio of Project for Person/Team • Contest Participation • System Manual • Paper	• Grading Students for Person/Team • Course Satisfaction Survey

2) 인문사회계열 캡스톤 디자인

인문사회계열 캡스톤 디자인 수업에 대한 논의는 Hauhart와 Grahe(2010)가 미국 학생들에게 '캡스톤 디자인 수강 이유'에 대해 설문한 결과에서 찾을 수 있다. 설문 결과는 대학원과의 연계, 시민에게 필요한 소양을 얻고자 함, 보다 지식이 많은 소비자가 되고 싶은 것, 실습이나 훈련 등의 과정 충족, 교양 있는 시민이 되기 위함 등으로 나타났다. 이러한 결과는 한국 사회에서도 크게 다르지 않을 것이라 생각한다.

미국의 경우, 이미 2000년대 중반부터 700여 개의 대학 중 절반 정도가 캡스톤 디자인 수업을 '최종 교육 평가 과목'으로 활용하였다(Berheide, 2007). Wegenaar(1993)는 캡스톤 디자인 과목을 "학생들이 각자의 전공에서 얻어 온 지식을 확장, 비판, 응용하는 과정을 거쳐 구체적인 통합 경험을 하며, 이를 통하여 성공을 경험할 수 있는 과목"이라고 정의하였다. 이러한 맥락에서 이공계열뿐만 아니라 다른 여타 분야에서 캡스톤 디자인을 수업 과정의 하나로 활용하는 것은 매우 당연한 결과이다.

인문사회과학 분야의 전공수업은 수업의 성격상 이론이 많고, 실습을 운영하기에 어려운 경우가 많다. 따라서 해당 분야를 응용하는 학제 간 융합이 더 필요한 계열이다. 그러므로 캡스톤 디자인 수업 시, 학생들이 직면한 문제를 조사, 분석하여 이를 해결하기 위한 '창의적인 솔루션'을 제안하도록 만든다.

해당 분야의 과정은 다음과 같은 네 단계를 거친다. 먼저, '문제 정의' 단계로 학생들이 해결하길 원하는 문제를 정의하는 것이다. 두 번째는 정의된 문제를 해결하기 위한 다양한 해결방안을 탐색한다. 이 과정에서 필요한 연구 및 조사, 관련 데이터 수집 및 분석, 참고 자료 분석 등을 진행한다. 세 번째 단계는 새로운 해결책을 선정하여 그것의 실제 적용 가능성을 확인하기 위한 프로토타입을 만든다. 이 과정을 통해 해결책의 설계, 시뮬레이션, 프로토타입의 제작 등을 수행할 수 있다. 마지막 단계인 '적용 및 평가'는 해결책의 성공 가능성 및 문제점 등을 평가하며, 필요에 따라 수정 및 보완 작업을 수행할 수 있다.

학생들은 캡스톤 디자인 수업을 통하여 사회문제해결 능력과 창의적 문제해결 능력을 향상시킬 뿐만 아니라 다양한 현장 경험을 쌓을 수 있다. 또한 협업 및 커뮤니케이션 능력도 함께 향상시킬 수 있다.

3) 예체능 계열 캡스톤 디자인

전통적으로 예체능 분야에서는 '실무현장 지식 습득'을 목적으로 인턴십이나 현장실습을 통해 다양한 형태의 산학협력이 진행되어 왔다. 그중 디자인 분야는 다학제적 학문의 특성과 신기술의 접목을 통한 학문 간 융·복합 적용에 적합한 분야로 캡스톤 디자인의 적용 가능성이 매우 높다. 또한 수업 콘텐츠를 활용하여 지식산업 분야의 지원센터나 관련한 응모 분야, 혹은 외국 대학이나 국제 공모전에 참여하는 것도 가능하다.

해외 캡스톤 디자인 교육 모형은 일반적으로 산업체 지원 모형, 스튜디오 모형, 전통적 모형 등으로 나눌 수 있다. 산업체 지원 모형은 지역사회와 연계되어 장기 인턴십으로 운영되고, 스튜디오 모형은 멘토와의 협력이 대부분이다. 전통적 모형은 산학 프로젝트에 참여하는 방식으로 최종 산출물이 제품으로 출시될 수도 있다 (Douglas & Gallagher, 2011).

이는 스탠포드 디스쿨에서 제시하는 'T자형 인재(generalist)'와도 유사하다. 철학적 소양에 비즈니스를 결합한 형태로, 창조적인 아름다움에 실용적인 요소가 결합된 것이다. 즉, 디자인을 단순히 미학적 관점이 아닌 '기존 상황을 더 낫게 개선하는 문제해결의 사고방식'으로 보는 것이다.

한국의 경우, 실제 산업체와 연계하여 작품을 직접 기획·디자인하는 등 일련의 전 과정을 경험하도록 하는 '종합 교육 프로그램'이 많다. 해당 프로그램의 결과물은 산업체가 요구한 내용으로 진행되고, 이것을 교내·외 전시나 경진대회를 통해 평가받을 수도 있다. 이러한 일련의 과정들은 해당 교과의 참여를 독려하거나 추후 산업체 장면과도 연계되므로 진로 및 취업에 꽤 고무적이라 할 수 있다.

3. 운영 유형

1) CPS 기반 캡스톤 디자인

현재 캡스톤 디자인에 적용되는 CPS는 3가지 요소와 6가지 단계로 구성된다. 3가지의 요소는 '문제의 이해' '아이디어 생성' '행위를 위한 계획'이고, 6가지 단계는 '목표의 발견' '사실의 발견' '문제의 발견' '아이디어의 발견' '해결책의 발견' '수용의 발견'이다.

◇ **1단계: 목표의 발견(Objective Finding)**
목표의 발견은 문제를 해결하기 위해 가장 중요하거나 시초가 되는 출발점을 찾는 것이다. 이는 창의적 문제해결이 올바르게 진행되도록 목표와 영역을 정하는 것이다. 이를 위해, 먼저 목표 진술문을 작성해야 한다. 목표 진술문은 최대한 명쾌하고 간결한 형태의 문장으로 기술하며, 수업을 통해 진행되기를 원하는 방향을 제시한다. 목표 진술문은 학생들의 흥미와 영향력, 상상력의 활용 여부, 중요성, 즉시성의 정도에 따라 평가되고 채택된다.

◇ **2단계: 사실의 발견(Fact Finding)**
문제 혹은 도전에 관해 알고 있는 모든 사실을 나열하는 단계이다. 문제를 더 잘 이해하기 위해 문제와 관련된 사실, 느낌, 의문점, 관심, 걱정거리들을 살펴본다. 이 단계에서 '누가, 언제, 어디서, 무엇을, 왜, 어떻게'라는 육하원칙에 따라 질문들을 제안하고 바라는 미래 상황과 현재 실제 모습을 기술해 본다.

◇ 3단계: 문제의 발견(Problem Finding)

이 단계의 핵심은 이전 단계에서 진행한 '정보'를 바탕으로 가장 중요한 문제를 정하는 것이다. 이는 해결하고자 하는 문제나 관심이 있는 영역을 진술하는 것이다. 따라서 진술문에는 누가 하는지, 목적은 무엇인지, 방법은 어떻게 할 것인지에 대해 행위 동사를 포함하여 기술한다. 진술문 작성 시에는 부정적으로 표현하거나 사고를 억제하는 진술은 피하고, 간결하게 작성한다.

◇ 4단계: 아이디어의 발견(Idea Finding)

문제해결에 필요한 그럴듯하고 적용 가능한 아이디어를 가능한 한 많이 산출한다. 확산적 사고에 중점을 두어 새롭고 특별한 아이디어를 생산하도록 한다. 최대한 판단을 유보하며, 가능한한 많은 아이디어를 내기 위해서 성급하게 아이디어를 평가하지 않으려 노력할 필요가 있다.

◇ 5단계: 해결책의 발견(Solution Finding)

문제를 해결하는 과정에서 가장 가능성이 큰 '해결책'을 결정하는 단계이다. 이 단계에서는 아이디어를 평가할 기준을 만들고 그 기준을 토대로 아이디어들을 조직적으로 평가한다. 단순히 한 가지 아이디어만을 선택하지도 않으며, 남은 아이디어를 버리는 것도 아니고, 완벽한 아이디어를 찾는 것도 아니다. 아이디어들에서 가장 가능성이 있다고 생각되는 것을 찾는 것이다.

◇ 6단계: 수용의 발견(Acceptance Finding)

현재의 상황을 '바라는 미래 상태'로 바꾸는 행동에 초점을 둔다. 행동으로 옮기는 데 있어서 영향을 주는 요인들을 확인한다. 영향을 끼치는 요인 중 방해가 되는 요인과 제한점을 확인하고 그것을 극복하는 방법을 고민해야 한다. 하나의 구체적인 행위 계획을 개발하여 이를 적용한다.

〈표 5-1〉 CPS 기반 캡스톤 디자인 단계 및 내용

구조	단계	내용
문제의 발견	목표의 발견	착수하는 도전, 기회, 관심영역 찾기
	사실의 발견	관심영역에서 발견한 중요한 정보수집
	문제의 발견	문제의 구체적인 진술
문제의 해결	해결 아이디어의 발견	진술된 문제를 해결하기 위한 아이디어 생성 및 선택
해결책의 수행	해결책의 발견	발견한 해결 아이디어를 분석하여 최선의 해결책을 찾기 위한 준거의 생성
	수용의 발견	선택한 아이디어를 실현하기 위한 실행 계획 만들기

2) 디자인싱킹 기반 캡스톤 디자인

디자인싱킹에 대한 개념이 최초로 언급된 것은 Herbert Simon(1969)의 『인공물의 과학』에서 설명한 '디자이너의 사고 과정과 인식체계에 대해 말한 것'에서 출발되었다. 그가 말하는 디자인싱킹은 '사회, 문화, 경제, 정치, 환경 등 인간 생활의 모든 제반 문제를 학제적 연구방법으로 디자인하여, 통합적이고 종합적인 문제로 해결하는 과정'이라 설명한다.

David Kelley와 George Kembel이 2003년 설립한 IDEO는 다학제적 교육 프로그램을 제공하는 학원 같은 개념이다. 해당 기관은 특정 영역의 전문가(specialist)이면서 보편적인 교양과 지식을 겸비한 'T자형 인재' 양성이 목표이다. 이 'T자형 인재'가 만든 결과물은 마치 '예술성이 포함된 실용물'이라고도 감히 표현할 수 있다. 같은 맥락에서 Tim Brown(2009)은 "경영마인드를 바탕으로 한 T자형 인재의 감성적 사고와 디자인 방법론은 소비자와 시장이 요구하는 문제해결에 반드시 필요하다."라고 하였다.

일반적으로 적용하는 디자인싱킹은 5단계로 구성되나, 초기에는 4단계로 구성되어 있었다. 다음에 나오는 박스의 1~4단계는 초기 디자인싱킹을 시도한 과정으로, 1단계인 사람 중심의 단계는 공감의 단계이다. 2단계인 모호성에 대한 자유로움은 문제를 정리하는 단계이다. 그리고 3단계인 상상을 실현하는 것은 아이디어를 내고 시제품을 만드는 단계이고, 4단계인 리디자인은 발전시키기를 말한다. 각각의 단계를 현재의 관점에서 보면 혼재되어 있으나, 사람을 중심으로 출발해 지금의 불편함을 미래지향적인 관점에서 변화시키고자 하는 시도는 같다.

다음의 표는 지금 적용되고 있는 디자인싱킹의 일반적인 5단계이다.

◇ **1단계: 사람 중심의 관점**
디자인싱킹에서 디자인의 본질을 사람에 기반하고, '사람' 중심의 관점을 유지하는 것은 필수 불가결하다. 사람이 맥락을 바탕으로 상품이나 서비스를 변화시키는 것은 특정 개인에게 공감의 수준을 넘어서서 사회 혁신을 시도할 수 있다.

◇ **2단계: 모호성에 대한 자유로움**
현재 상태를 좀 더 나은 미래가 되도록 만드는 디자인싱킹은 미래에 대한 새로운 도전과 시도이다. 이는 1단계에서 제시한 문제를 해결하기 위해 아이디어를 찾는 것을 넘어서, 모호한 상황 자체를 즐기고 변화하고자 하는 기회를 만드는 것이다.

◇ 3단계: 상상을 실현하는 것

추상적인 개념을 구체화시키고 시각화하는 것은 단순한 방법론의 구현이 아니라 관점과 경험이 서로 상호작용하는 것이다. 따라서 다소 부족하지만 빠르게 구체화한 결과물(프로토타입)을 만들고, 이를 반복하는 것은 다양한 협업을 이루도록 한다.

◇ 4단계: 리디자인

현재 상황은 개선된 과거이며, 미래는 또 다른 현재가 된다. 현재 상황과 맥락, 대상의 의도에 따라 미래는 매 순간 리디자인되기 때문에 디자인싱킹은 현재가 미래로 변화되게 만드는 유용한 접근 방식이다.

〈표 5-2〉 디자인싱킹 기반 캡스톤 디자인 단계, 내용 및 기법

단계	내용	기법
공감하기	현장에 방문해서 관찰, 경청, 질문	각각의 단계에서 분석적 사고와 수렴적 사고를 활용하여 문제를 해결함
문제 정의하기	분명하고 간결한 문장으로 진술	
아이디어 내기	브레인스토밍, 브레인라이팅, SCAMPER, 마인드맵, 특성 열거, 점화 등	
시제품 만들기	모양, 작동, 경험을 고려해 시제품을 만들고, 이를 바탕으로 장점, 단점, 개선점, 향후 계획 등의 피드백을 최대한 신속하게 받음	
발전시키기	피드백을 바탕으로 새로운 시제품 생산	

4. 과정과 방법

1) 캡스톤 디자인 수업 절차 및 활동

캡스톤 디자인은 문제발견, 문제정의, 해결 아이디어 발굴 및 평가, 실현으로 구성된다(이유태, 2018). 캡스톤 디자인이 진행되는 계열 및 과제에 따라 구체적인 수행 단계의 구성은 달라질 수 있다.

김창완, 김화경과 이용우(2020)는 [그림 5-1]과 같이 과제수행 프로세스를 '팀구성

하는 단계' '캡스톤 디자인 과제를 발굴하여 선정하는 단계' '작품제작 또는 과제수행을 통해서 결과물을 완성하는 단계' '성과를 발표하는 단계', 마지막으로 이를 '지적자산화하는 단계'로 구분하였다. 먼저, 팀구성 단계는 과제수행에 필요한 팀을 구성하여 팀원, 팀명, 팀구호, 그라운드 룰 등을 결정하는 단계이다. 과제발굴 및 선정하는 단계는 수행 팀이 어떤 과제를 수행할 것인지 교수자와 팀구성원이 협의를 통해 1차 선정하는 단계이다. 이 단계에서는 고객과 고객이 호소하는 어려움이 무엇인지 분석하는 것이 중요하다. 1차 과제 선정이 완료되어도 최종과제를 선정할 때까지는 반복적으로 진행될 수 있다. 작품제작(과제수행) 단계는 해결 아이디어 도출, 선정, 구체화하는 단계이다. 이를 위해 시제품, 즉 프로토타입을 사전 제작하여 최종 결과물 제작에서 발생할 수 있는 시행착오를 줄이는 단계가 포함되어 있다. 프로젝트 성과발표 및 평가 단계는 완성된 최종 결과물로 고객을 설득할 수 있도록 발표를 준비하는 단계이다. 마지막으로, 자산화 단계는 지적 재산권을 확보할 수 있는 방안을 탐색하는 단계이다. 팀에서 자산화하는 것이 힘들 경우, 외부 전문가와의 멘토링 및 외부 기관의 지원 제도를 활용할 수 있다(김창완 외, 2020).

[그림 5-1] 캡스톤 디자인 과제수행 프로세스

공학계열 캡스톤 디자인의 자산화 과정은 물리적인 결과물로 도출되며, 비공학계열에서는 제도, 서비스, 전략 등이 결과물로 제시된다는 것이 그 차이점이라 할 수 있다.

캡스톤 디자인의 과제수행 프로세스를 더 구체화하여 제시하면 [그림 5-2]와 같다. '관심분야 발굴'에서 시작하여 '팀구성 및 멘토선정' '과제주제 선정' '과제신청서 작성 및 제출' '전반부 과제 수행' '중간보고서 작성 및 발표' '후반부 과제수행' '최종보고서 작성 및 발표' 및 '작품발표 및 전시' 과정으로 마무리된다(이시훈, 류진한, 2014).

[그림 5-2] 캡스톤 디자인 수행 절차

교수자가 '캡스톤 디자인 교과목'을 운영하기 위해서는 일반적인 절차 이외에 수행 프로세스에 따른 구체적인 단계를 설정하여 계획해야 한다. 이는 구체적인 단계가 곧 수업 절차로 연결되기 때문이다. 과제수행 프로세스에 따른 구체적인 단계별 수행 활동 예시는 [그림 5-3]과 같다(김창완 외, 2020).

캡스톤 디자인은 과제수행 단계별 '수행 활동'에 따라 실제 활동이 수반된다. 그러므로 각 단계별로 적합한 수업설계가 이루어져야 한다. 수업설계는 다양한 형태로 진행될 수 있지만, 교수자가 과제수행 단계를 고려하여 수업계획서를 작성할 때 참고할 수 있는 '표준 수업계획서'의 예시를 김창완, 김화경과 이용우(2020)는 다음과 같이 제시하고 있다.

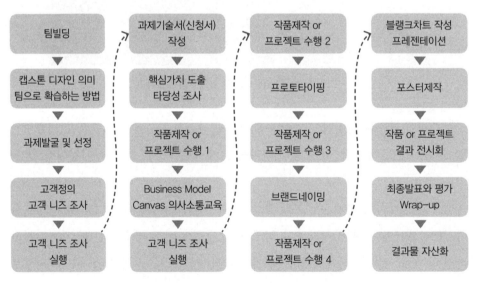

[그림 5-3] 캡스톤 디자인 과제수행 단계별 수행 활동

〈표 5-3〉 캡스톤 디자인 교과목 표준 강의계획서

주차(일정)	수업내용
1주차	오리엔테이션/팀빌딩 및 문제해결 프로세스 학습
2주차	아이템 아이디어 도출, 아이디어 사례 제시(사례집 공유)/예상고객 니즈 조사 항목 작성
3주차	아이템에 대한 타당성 조사 및 예상고객 니즈 조사 실행
4주차	작품 또는 프로젝트 수행 계획 발표/멘토링 계획 작성, Business Model Canvas 설명
5주차	Business Model(마스터플랜)발표/작품 또는 팀별 프로젝트 수행 1
6주차	작품제작 또는 팀별 프로젝트 수행 2 및 피드백
7주차	작품제작 또는 팀별 프로젝트 수행 3 및 피드백
8주차	작품제작 또는 팀별 프로젝트 수행 4 및 피드백
9주차	작품제작 또는 팀별 프로젝트 수행 5 및 피드백
10주차	작품 또는 프로젝트 중간 발표 및 의사소통, 프로토타이핑, 브랜드네이밍, 디자인 교육
11주차	작품제작 또는 팀별 프로젝트 수행 6, 블랭크차트, 프레젠테이션 기법
12주차	작품제작 또는 팀별 프로젝트 수행 7
13주차	포스터 제작
14주차	학과단위발표평가회 개최
15주차	작품 또는 프로젝트 결과 전시회
16주차	프로젝트 최종 보고서 제출

　　캡스톤 디자인의 '과제수행 프로세스'와 '절차 및 단계별 수행 활동'을 보면 알 수 있듯이, 캡스톤 디자인 수업은 창의적 문제해결 과정의 기본적인 단계를 세분화하여 진행하고 있다. 기본적으로 수업절차에 포함되어야 할 내용은 창의적 문제해결 과정의 근간이라 할 수 있는 발산적 사고와 수렴적 사고의 과정이라 할 수 있다. 그리고 발산적 사고, 수렴적 사고 및 다양한 사고도구들을 활용하여 아이디어를 생성하고 수렴하는 것을 강조하여, 캡스톤 디자인 단계별 수행 활동에서 반복적으로 사용될 필요가 있다. 하지만 이러한 내용이 수행 과정에서 표면적으로 드러나지 않는다. 창의적 문제해결(CPS)을 캡스톤 디자인에 적용하기 위해서는 창의적 문제해결에서 강조하는 기본적인 교육과정이 필수적으로 포함되어야 한다.

　　김영채, 정세영과 정혜인(2021)은 창의적 문제해결을 교육하기 위한 과정으로 창의력에 대한 정의와 구성요소, 창의적 사고를 위한 확산적 사고와 수렴적 사고 그리고 사고도구 및 가이드라인을 제안하고 있다. 이는 아이디어를 생성하고 정리하는 기본적인 사고 과정으로 창의적 문제해결을 위한 사고 방법뿐만 아니라 사고 태도를 형성하게 한다.

캡스톤 디자인 수업은 수행 활동에 따라 '결과물'이 도출되는 형태로 수업이 진행된다. 이에 각 차시별 내용에 따라 수행해야 할 활동과 함께 관련 서식이 사용된다. 즉 관련 서식이 곧 수행해야 할 활동인 것이다. 관련 서식은 산학인재원 등 캡스톤 디자인 수업을 관장하는 기관에서 제공하거나, 실제 산학장면에서 사용되는 서식을 활용할 수 있다. 이러한 내용을 강의계획서에 포함한다면, 창의적 문제해결 기반의 캡스톤 디자인 수업을 설계할 수 있다.

| 활동 5-1 | 캡스톤 디자인 수업계획서 작성하기 |

| 활동목표 | 캡스톤 디자인 수업계획서를 작성할 수 있다. |

캡스톤 디자인 수업의 수업계획서를 작성해 봅시다. 주차별 수업내용을 구성하기 위해 필요한 사고도구와 관련 서식을 함께 작성해 보시기 바랍니다.

〈캡스톤 디자인 수업계획〉

차시(일정)	수업내용	사고도구	관련 서식
1주차			
2주차			
3주차			
4주차			
5주차			
6주차			
7주차			
8주차			
9주차			
10주차			
11주차			
12주차			
13주차			
14주차			
15주차			
16주차			

진행절차

1. 앞서 제시된 캡스톤 디자인 과제 수행 과정을 살펴보고, 차시별 수업내용을 작성해 봅시다.
2. 수업내용을 진행하기 위해서 필요한 사고도구를 작성해 봅시다.

활동안내

1. 개인적으로 작성할 수도 있지만 캡스톤 디자인 수업을 진행할 다른 교수자와 함께 작성할 수도 있습니다.
2. 작성한 다음 서로 작성한 내용을 교환하여 살펴보고, 작성한 강의계획서에 대해 추가 의견을 제안합니다.
3. 추가 의견을 수용하여 작성한 강의계획서를 수정해 봅시다.

2) 이공계열 사례

(1) 경남대학교 사례

경남대학교 WISE LINC 3.0 사업단에서 시행한 2023학년도 1학기 캡스톤 디자인 경진대회에서 공학계열 부분 대상 수상 사례이다. 사례에 대한 구체적인 내용은 다음과 같다.

〈표 5-4〉 경남대학교 캡스톤 디자인 사례

과제명	낙상을 방지/예방하는 보행 보조기 개발
참여학과	전자SW공학과
팀명 및 구성원	SS(Safe Step) 박용호(지도교수), 김광수, 이재화, 조국철, 정진수(학생)
과제 목적	보행 보조기를 이용하는 노인들을 비롯한 많은 노약자들에게 큰 부상을 초래하는 보행 보조기의 낙상 사고를 방지/예방
과제 내용	보행 보조기 개발
활용방안 및 기대효과	– 창원/마산 지역의 요양원, 요양병원, 노인정의 환자들에게 공급하여 낙상 방지/예방하고자 함(향후 일반병원, 가정으로 확대) – 물리치료학과 또는 간호학과 연계하여 임상실험을 통해 입증할 계획 – 노인 및 노약자의 안전 및 건강 증진 – 낙상 방지를 통해 의료비 및 사회적 비용 절감

AI 음성인식 제작
(안내 멘트)

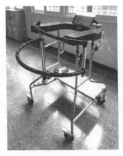
최종 완성 후 가드(보호대)
닫힘 상태

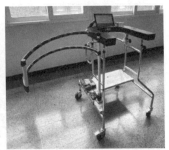
최종 완성 후 가드(보호대)
열림 상태

[그림 5-4] 경남대학교 전자SW공학과 캡스톤 디자인 결과

(2) 계명대학교 사례

계명대학교 산학인재원에서 2022학년도 1학기 캡스톤 디자인 작품발표회 사례 중 공과대학 교통공학전공의 사례이다.

〈표 5-5〉 계명대학교 캡스톤 디자인 사례

과제명	메타버스를 활용한 교통안전교육
참여학과	교통공학전공
팀명 및 구성원	ADHD(All Day Happy Day) Synn, Jienki(지도교수), 최재혁, 박은채, 박예솔, 임세임(학생)
과제 목적	코로나19 상황에서 주목받은 메타버스를 이용하여 비대면 상황에서도 편리하게 교통안전교육을 받을 수 있는 새로운 형태의 안전교육 개발
과제 내용	Gather town 플랫폼을 사용한 교통 안전 교육 프로그램
활용방안 및 기대효과	− Gather town 플랫폼에서 자신이 만든 캐릭터로 교육내용을 학습하고 다른 사람과 소통할 수 있음 − 지루하지 않고 흥미롭게 사람들의 능동적 참여를 이끌어 내어 교통안전교육의 효과를 높일 수 있음

[그림 5-5] 계명대학교 교통공학전공 캡스톤 디자인 결과

(3) 대구대학교 사례

대구대학교 LINC 3.0 사업단의 2022학년도 2학기 캡스톤 디자인경진대회 사례 중 물리치료학과의 사례이다.

〈표 5-6〉 대구대학교 캡스톤 디자인 사례

과제명	밸런스 워커
참여학과	물리치료학과
팀명 및 구성원	일조량 황보각(지도교수), 권유정, 김기범, 김민주, 김예지, 고춘택, 가서현(학생)

과제 목적	신체적 자립이 어려운 고령자뿐만 아니라 여러 질환의 환자들이 사회적 고립에서 벗어나 적절한 여가활동을 통해 건강한 생활을 할 수 있도록 돕고자 함
과제 내용	기존의 pick up형 보조기 사용에 불편한 점을 개선
활용방안 및 기대효과	뇌졸중 및 인공고관절전치한술(THR), 인공슬관절전치환술(TKR) 등 수술 후 재활 중에 있는 수술 환자들의 보행훈련 시 활용 가능

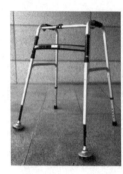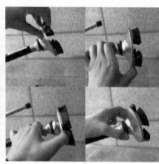

[그림 5-6] 대구대학교 물리치료학과 캡스톤 디자인 결과

3) 인문사회계열 사례

(1) 경남대학교 사례

경남대학교 WISE LINC 3.0 사업단에서 시행한 2023학년도 1학기 캡스톤 디자인 경진대회에서 인문사회계열 부분 대상 수상 사례이다. 사례에 대한 구체적인 내용은 다음과 같다.

〈표 5-7〉 경남대학교 캡스톤 디자인 사례

과제명	학습결손 아동을 위한 미니북 제작
참여학과	국어교육과
팀명 및 구성원	육캔두잇 김종민(지도교수), 성주은, 김은빈, 김희수, 박수빈, 정지원, 추혜민(학생)
과제 목적	– 학습 결손 학생 발생 원인은 언어 습득 단계 초기에 제대로 언어 습득이 이루어지지 않기 때문임 – 학습 결손 학생이 쉽게 학습할 수 있는 국어 교재 제작
과제 내용	– 학령 전기, 학령기 저학년 학생이 학습할 수 있는 교재 제작 – 협약기관인 창원마산가족센터의 '다배움사업'과 협력하여 지역 센터와 연계한 교재 제작 사업 추진

활용방안 및 기대효과	– 학습결손 아동(유치원, 초등학교 저학년)을 대상으로 한글 미니북을 제작하여 지역아동센터 등에 무료로 후원 – 미니북을 활용하여 대학생 멘토가 지역아동센터에서 국어 과목 멘토링을 이어 가는 사회공헌 연계 활동으로 확대

진입 장벽을 낮추기 위한 맞춤형
교재 표지 디자인

실제 사진을 활용한 이미지
형태의 교재 내용

[그림 5-7] 경남대학교 국어교육과 캡스톤 디자인 결과

(2) 계명대학교 사례

계명대학교 산학인재원에서 2022학년도 1학기 캡스톤 디자인 작품발표회 사례 중 사회과학대학의 관광경영학전공의 사례이다.

〈표 5-8〉 계명대학교 캡스톤 디자인 사례

과제명	대구 덕(Duck) 페스타
참여학과	관광경영학전공
팀명 및 구성원	상상못했조 전수현(지도교수), 김민수, 김연수, 박정주, 우재원, 이민희(학생) 김지엽(대구광역시 동구 관광과 주무관)
과제 목적	– 대구광역시 동구의 새로운 아이덴티티를 확보할 수 있는 축제를 기획 – 초등학생과 그 가족이 함께 즐길 수 있는 축제 개발
과제 내용	대구 덕(Duck) 페스타
활용방안 및 기대효과	지역홍보 및 경제활성화를 도모

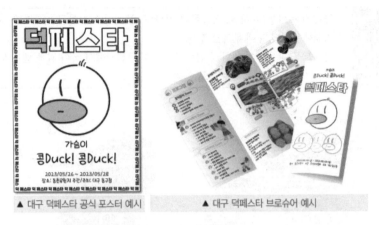

▲ 대구 덕페스타 공식 포스터 예시   ▲ 대구 덕페스타 브로슈어 예시

[그림 5-8] 계명대학교 관광경영학전공 캡스톤 디자인 결과

(3) 대구대학교 사례

대구대학교 LINC 3.0 사업단의 2022학년도 1학기 캡스톤 디자인경진대회 사례 중 문헌정보학과의 사례이다.

〈표 5-9〉 대구대학교 캡스톤 디자인 사례

과제명	초등학생의 도서관 이용 활성화 방안
참여학과	문헌정보학과
팀명 및 구성원	주머니 속 도서관 전남희(지도교수), 정지혜, 정다정, 정다은, 전건호(학생)
과제 목적	학생들의 도서관 이용률이 매년 감소하고 있고, 도서관이 학생들에게 무의미한 존재로 인식되는 것을 염려하여 초등학생의 독서 흥미를 높이고자 함
과제 내용	초등학생의 독서 흥미를 위해 전자도서관 이용 어플 제작
활용방안 및 기대효과	- 전자도서관 이용을 통해 학생들이 원할 때 독서가 가능하고 프로그램에 참여도 할 수 있음 - 학교가 전자도서관 어플 활용하여 교육과정과 연계를 하여 도서관에 대한 흥미를 읽지 않도록 활용 - 전자도서관 다양한 서비스를 통해 도서관에 대한 거부감 감소 및 학부모가 도서관에서 진행하는 행사를 확인하여 자녀와 함께 프로그램에 참여 가능

전자도서관 어플 아이콘　　　　어플 구성　　　책 소개 및 한 줄 감상평

[그림 5-9] 대구대학교 문헌정보학과 캡스톤 디자인 결과

4) 예체능계열 사례

(1) 계명대학교 사례

계명대학교 산학인재원에서 2022학년도 2학기 캡스톤 디자인 작품발표회 사례 중 미술대학의 패션마케팅학전공의 사례이다.

〈표 5-10〉 계명대학교 캡스톤 디자인 사례

과제명	휠체어 장애인 바지
참여학과	패션마케팅학전공
팀명 및 구성원	비행기 최미화(지도교수), 서지윤, 안유진, 박소영(학생) 이효수(바늘한땀샵 대표)
과제 목적	− 현재 시판되고 있는 장애인들을 위한 의복은 심미적인 만족감뿐만 아니라 기능적인 욕구를 충족시키지 못하는 상황 − 장애인이 기성복을 입었을 때 나타나는 문제점을 해결
과제 내용	장애인 의복 개발: 휠체어 장애인 바지
활용방안 및 기대효과	휠체어를 사용하는 장애인이 바지착용시 경험하는 문제를 해결하여 일상생활과 화장실 이용시 입고 벗기 쉬운 디자인으로 제작

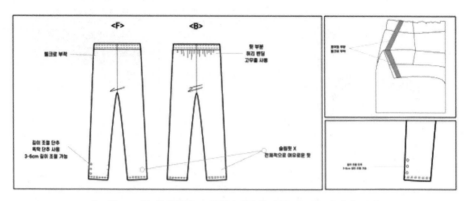

[그림 5-10] 계명대학교 패션마케팅학전공 캡스톤 디자인 결과

(2) 대구대학교 사례

대구대학교 LINC 3.0 사업단의 2022학년도 2학기 캡스톤 디자인경진대회 사례 중 패션디자인학과 사례이다.

⟨표 5-11⟩ 대구대학교 캡스톤 디자인 사례

과제명	미래산업을 위한 특수소재 연구 및 의상제작
참여학과	패션디자인학과
팀명 및 구성원	개발2팀 김소현(지도교수), 윤현정, 정승은(학생)
과제 목적	- 특수 소재 중 레자와 PVC는 의상에 많이 사용되며 레자의 경우 에코 및 동물보호를 위해 친환경 섬유개발의 필요성이 대두되고 있음 - 특수소재는 일반원단과 달리 세탁할 필요성이 없고 빛을 통해 살균효과를 얻어 합성세제를 쓰지 않아도 된다는 장점이 있음
과제 내용	특소소재를 연구하여 소재의 특성을 파악하고 의상 제작 가능성 검증
활용방안 및 기대효과	- PVC와 같이 뻣뻣한 원단을 활용하여 의상 제작할 때 쉽게 끊어지지 않기 위한 두꺼운 망사실이 개발되어 미래소재 개발에 제한이 없기를 기대함 - 환경문제와 동물복지 문제해결을 위해 친환경 섬유개발 확대

PVC 소재 의상 일러스트 & 의상사진　　　레자 소재 의상 일러스트 & 의상사진

[그림 5-11] 대구대학교 패션디자인학과 캡스톤 디자인 결과

5. 평가

1) 캡스톤 디자인의 평가모델

캡스톤 디자인 교과의 '교수체제 설계를 위한 기본 프로세스'는 크게 CPS와 디자인 싱킹 두 가지를 활용한다. 해당 과정은 각각 문제의 발견, 문제의 해결, 해결책의 수행과 공감하기, 문제 정의하기, 아이디어 내기, 시제품 만들기, 발전시키기이다. 이들은 모두 단계별로 '분석적 사고'와 '수렴적 사고'를 조화롭게 활용하여 문제를 해결해 나간다. 문제해결을 위한 단계에서 적용할 수 있는 다양한 기법들은 창의적인 문제해결에서 주로 사용하는 기법들이다.

〈표 5-12〉 캡스톤 디자인 교과 내 창의적 기법

활용		고려사항	창의적 기법
과정 분석	미시적 교수설계	계열별 학습자들의 사전 교육과정 고려	브레인스토밍 브레인라이팅 SCAMPER 마인드맵 특성 열거 초점화 등
방법 분석		현장 상황의 고려	
설계 분석		각종 매체 및 계열 특성 고려	
적용 분석		환경에 적용하는 과정의 고려	

2) 평가 방법

캡스톤 디자인 교과는 교수자 평가와 산업체 평가를 동시에 적용하는 것이 효과적이다. 교수자의 역량은 학습자의 능동적인 참여를 이끌어 내는 것이 기본이 되어야 한다. 캡스톤 디자인은 행정적 지원, 비공식적 조직의 관리지원, 재정지원, 학습자료지원 등이 필수 요건으로 요구되는 교과이다. 그러므로 자료 이해, 설계 수행, 과제도출, 설계 단계, 공정 능력, 전달 능력, 실무적 능력, 협동심, 융합, 현실화, 구체화 등의 능력이 요구된다. 교수자와 산업체는 각각 해당 항목을 평가하며, 단계별로 다음의 역량들을 포함하여 평가한다.

〈표 5-13〉 **단계별 역량 평가 내용**

단계	역량의 내용
과정	- 팀워크 리더십
	- 자기주도적 학습
방법	- 일정 및 예산관리 역량
설계	- 문서작성 프레젠테이션 커뮤니케이션 역량
	- 실습 설계 역량
적용	- 지적재산권

캡스톤 디자인 교과를 통하여 학교는 산업체의 요구에 부응하는 교육과정을 계획하고 운영할 수 있고, 학생들은 취업을 미리 경험하는 목적을 달성할 수 있다. 또한 해당 결과물이 지적재산물의 형태로 특허 및 출원이 진행될 수 있다.

학습자들의 학습 성과는 과제의 계획(실행), 자료의 분석(해석), 문제해결을 위한 절차나 구성요소 등을 계획하는 능력, 효과적으로 자신의 생각을 커뮤니케이션할 수 있는 능력, 사회적인 문제를 전공 시각에서 분석하는 능력, 이론과 실제의 차이에 대한 이해 등의 변화이다. 그러므로 이러한 능력을 평가할 수 있는 기준 또는 루브릭을 교수자와 산업체가 함께 개발하여 학습자에게 사전에 공유한 다음 캡스톤 디자인 전체 과정을 평가해야 할 것이다.

3) 인증제를 통한 평가

캡스톤 디자인 수업은 역량 중심 교수활동을 위한 방안 중의 하나로 활용된다. 일부 대학에서는 역량 기반 교과목 인증제에서 산학일체형 교육과정으로 캡스톤 디자인 수업을 활용하고 있다. 교과목 인증을 실시하고 있는 대학은 수업설계, 수업운영 및 성과를 구분하여 인증기준을 설정한다.

실제로 영산대학교는 '와이즈유' 교과목 인증제를 통해 산학일체형 캡스톤 디자인 수업을 진행하고 있으며, 그에 대한 인증 기준은 〈표 5-14〉와 같다. 캡스톤 디자인 수업운영 시에 유의할 점으로는, 먼저 교수자 스스로가 수업목표에 맞게 수업설계가 적합하게 이루어졌는지 확인하는 것이다. 다음으로, 수업운영은 준비, 도입, 실행 및 점검, 결과물 개발이 이루어질 수 있도록 진행되었는지 보는 것이다. 마지막으로, 수업 성과는 전공역량을 개발하였으며 수업 개선 및 학습성과를 확산할 수 있도록 진행되었는지 평가하는 것이다.

〈표 5-14〉 **영산대학교 와이즈유 교과목 인증제**
산학일체형 캡스톤 디자인 교과목 인증기준

인증영역		인증기준	평가자료	
			교수자	학습자
수업 설계	기획	1.1. 환경 및 요구 분석 결과를 기반으로 하여, 캡스톤 디자인 교과목에 적합하도록 수업설계를 해야 한다.	[서식1] 강의계획서 및 진도표 [서식2] 캡스톤 디자인 교육계획서	
		1.2. 캡스톤 디자인 교과목에서 문제의 요건을 충족하여야 한다.		
수업 운영	준비	2.1. 학습자들이 캡스톤 디자인 학습활동을 준비할 수 있도록 안내하여야 한다.	[서식5] 캡스톤 디자인 수업운영 결과보고서	[서식3] 캡스톤 디자인 계획서
		(권장) 산업체 등 관련기관 전문가 특강을 실시하여 실무 정보를 제공해야 한다.		
	도입	2.2. 학습자들이 캡스톤 디자인 과제수행 계획을 수립하도록 지도한다.		
	실행 및 점검	2.3. 학습자들이 팀 과제를 충실하게 해결할 수 있도록 지도한다.		[서식4] 캡스톤 디자인 결과보고서
	결과물 개발			

	전공역량 평가	3.1. 학습자들의 학습결과물에 대한 평가를 실시하고, 전공역량 향상도를 분석한다.	[서식6] 평가결과표 (자유양식)	
수업 성과	수업 개선 및 삭습성과 확산	3.2. 교과목 운영성과 분석을 토대로 수업성찰 및 수업 개선 계획을 작성한다.	[서식7] CQI 보고서	
		(권장) 학습자들에게 캡스톤 디자인 결과물의 성과를 확산할 수 있는 기회를 제공한다.		

국립한경대학교의 경우, 캡스톤 디자인 교과목을 '학부과정 동안 배운 지식을 바탕으로 학생 스스로 산출물(제품형, 제안형)을 설계·제작·평가하는 전 과정'을 학습하는 것으로 규정하고 있다. 수업의 산출물은 제품형(유무형의 제품)과 제안형(논문, 제안서)으로 구분할 수 있다.

〈표 5-15〉 국립한경대학교 캡스톤 디자인 교과목 인증기준

인증단계	인증영역	세부영역	인증기준	평가자료
예비인증	수업설계	수업목표 설정	① 전문지식탐구역량(R) 향상을 교육목표에 포함하여 구체적으로 작성해야 한다.	강의계획서
		수업내용 선정	② 과제계획서를 작성하고 전공 이론을 적용하여 현실적인 요건(경제성, 사회성, 적법성)을 고려한 작품을 개발하는 내용을 제시해야 한다.	강의계획서 과제계획서
		수업방법 설정	③ Project 기반의 교수학습 방법을 설계해야 한다.	
		평가방법 설정	④ 평가자(또는 피평가자) 체크리스트를 활용한 평가 방법을 설계해야 한다.	평가계획서 평가자(피평가자) 체크리스트
본인증	수업운영	수업목표 달성 확인	① 수업목표 달성도를 포함한 수업성과를 분석해야 한다.	수업운영자료 수업평가자료 수업운영 결과보고서 교과목 CQI 평가자(피평가자) 체크리스트 결과지
		수업운영 결과확인	② Project 결과물을 제출해야 한다.	
			③ 평가자(또는 피평가자) 체크리스트 기반 평가를 실시해야 한다.	

우수인증 (공통)	수업결과	제출자료 충실성	① 교과목 인증제 본인증을 받아야 한다.	본인증 인증서
		강의평가 점수	② 강의평가 결과가 대학전체 상위 30% 이내여야 한다.	강의평가

국립한경대학교의 캡스톤 디자인 교과목 '인증 기준'은 수업설계, 수업운영, 수업결과로 타대학과 유사한 영역으로 구분되어 있다. 첫째, 수업설계 시 '수업목표 설정' '수업내용 선정' '수업방법 선정' 및 '평가방법 선정'으로 구성할 수 있다. 둘째, 수업운영 시 수업목표 달성 확인, 수업운영 결과 확인에 대해 평가한다. 셋째, 수업결과에서는 제출자료의 충실성과 강의평가 점수를 통해 캡스톤 디자인 수업을 평가하게 된다. 대학은 캡스톤 디자인 수업의 내실화를 위해 인증 제도를 통하여 해당 수업의 질을 관리하고 있다.

캡스톤 디자인 교과의 주된 평가자는 교수자, 외부전문가 또는 동료학생들이다. 1차적으로 캡스톤 디자인 수업 결과물을 평가하는 사람은 교수자와 동료학생이라 할 수 있다. 2차는 외부 전문가이며, 3차는 캡스톤 디자인 경진대회의 평가자라 할 수 있다. 참여자들은 캡스톤 디자인 수업의 최종 결과물을 기준으로 평가받는다. 또한 교수자가 학생들의 역량 강화에 주안점을 둔다면, 다양한 기준으로 교수자 평가를 진행할 수도 있다. 한편, 교수자는 수업운영 이전에 구체적인 평가 기준을 마련하는 것이 바람직하다.

활동 5-2	**창의적 문제해결에 대한 자신감 형성**

활동목표	창의적 문제해결에 대한 자신감을 형성할 수 있다.

David Kelley는 세계적 디자인 컨설팅 회사인 IDEO의 창업자이고, 스탠포드대학교 석사교수이다. 'Creative Confidence'라는 주제로 창의성에 도전하는 방법을 교육한 공로로 다트머스대학교와 파사데나 아트센터 칼리지로부터 명예박사학위를 2개나 받았으며 '창의적 사고와 실행 방법론'을 개발하고 보급하는 데 힘쓰고 있다.

How to build your creative confidence | David Kelley

출처: https://youtu.be/16p9YRF0l-g?si=4cKaCWN_5VQCjsO2

진행절차

1. YOUTUBE에서 위의 영상을 찾아본다.
2. 영상을 본 소감을 아래의 빈칸에 작성한다.

활동안내

1. 2명 또는 3명으로 팀을 이루어 수행한다.
2. 작성한 소감을 팀구성원이 각자 발표한다. 발표를 할 때에는 가장 인상 깊었던 내용을 함께 발표한다.
3. 캡스톤 디자인 수업을 위해 가져야 할 자신감에 대해 토의한다.

위의 영상을 본 소감을 작성해 봅시다.

활동 5-3	**문제영역 발견**	

활동목표	캡스톤 디자인을 위한 과제를 도출할 수 있다.

요즘 내가 관심을 가지고 있는 것은 무엇인가요? 관련 뉴스를 찾아서 제시해 보세요.	
생활	
사회적 이슈	

진행절차

1. 제시된 질문에 대한 자신의 생각을 빈칸에 작성한다.
2. 검색한 뉴스기사의 제목을 위의 칸에 작성하고, 링크를 추가하여 작성힌다.

활동안내

1. 2명 또는 3명으로 팀을 이루어 수행한다.
2. 작성한 내용을 팀구성원이 각자 발표한다. 발표를 할 때, 요즘 가장 관심 갖고 있는 내용을 함께 발표한다.

활동 5-4 **문제 발견**

| 활동목표 | 캡스톤 디자인을 위한 과제를 도출할 수 있다. |

내가 만들고 싶은 것은?

글로 쓰거나 그림으로 그리기

누구를 위해 만들고 싶은가?

글로 쓰거나 그림으로 그리기

누구에게 어떤 해택을 주는가?

글로 쓰거나 그림으로 그리기

진행절차

1. 제시된 질문에 대한 자신의 생각을 빈칸에 글로 쓰거나 그림으로 표현한다.
2. 한 칸에 최소 5개의 아이디어를 글로 쓰거나 그림으로 표현한다.

활동안내

1. 2명 또는 3명으로 팀을 이루어 수행한다.
2. 작성한 내용을 팀구성원이 각자 발표한다. 발표를 할 때, 발표자가 아닌 다른 학생들은 자신의 아이디어와 발표자가 발표하는 아이디어와 동일한 아이디어에 표시한다.
3. 이렇게 반복하여 팀구성원이 모두 발표할 때까지 진행한다.
4. 발표가 끝난 후 각자 활동지에 동일한 아이디어로 표시되지 않은 아이디어의 개수를 확인한다. 남은 아이디어 개수 1개를 1점으로 하여 점수를 부여한다.
5. 점수가 가장 많은 사람이 우승한다.

활동 5-5	지역사회 문제 발견

활동목표	캡스톤 디자인을 위한 과제를 도출할 수 있다.

구분	발산적사고	수렴적 사고
내가 속한 "지역사회"는 어디인가요?		
지역사회에서 관심이 가는 대상은 누가 있나요?		

선정한 지역사회와 대상이 겪고 있는 문제에는 어떠한 것들이 있을까요?	
확산적 사고	수렴적 사고

선정한 문제와 선정 이유를 육하 원칙에 따라 작성해 봅시다.

진행절차

1. 제시된 질문에 대한 자신의 생각을 빈칸에 작성한다.
2. 한 칸에 최소 5개의 아이디어를 작성한다.
3. 마지막 칸에는 아이디어를 육하원칙의 내용이 포함되도록 구체적으로 3문장 이상 작성한다.

활동안내

1. 2명 또는 3명으로 팀을 이루어 수행한다.
2. 육하원칙에 따라 작성한 내용을 팀구성원이 각자 발표한다.
3. 가장 구체적으로 작성되어 이해하기 쉬운 결과물을 팀구성원이 함께 선정한다.
4. 그렇지 않은 내용과 이해하기 쉬운 결과물 간의 차이점이 무엇인지 토의한다.

제 6 부

창의적 문제해결을 위한 역량

매년 핀란드에서는 10월 13일에 실패를 기념하는 '실패의 날' 행사가 열린다. 성공은 실패를 실패로 받아들이는 것이 아니라 새로운 발판으로 여기는 데 있다.

온고이지신(溫故而知新), 옛것을 알고 새것을 알면 남의 스승이 될 수 있다.

- 『논어』의 위정편 溫故而知新, 可以爲師矣 -

21세기에 들어오면서 전 세계는 거듭되는 AI의 발전을 똑똑히 바라보고 있다. 세기의 대결이라고 회자되던 이세돌 9단과 알파고의 바둑 대국이 있었던 것 역시 벌써 10년 가까운 세월이 흘렀다. 이 기간 동안, 우리 인간들은 꾸준한 발전의 속도를 유지하는 것에 반해 AI는 매우 빠른 속도로 변화를 보이고 있다. 이러한 인공지능의 발달로 인해 광범위한 적용은 물론 활용이 이루어지고 있으며, 이를 통해 지금까지 해 온 지식교육의 비효율성을 인정할 수밖에 없는 상황이 도래되었다(한광택, 2018).

급변하는 사회 속에서 인간은 인간 스스로를 이해하고, 인공지능이 가진 우월함 속에서 인간다움을 유지하면서도 인간이 가진 재능을 발전시킬 필요성을 느끼게 되었다. 앞으로의 시대는 기존에 중요시하였던 지적인 능력(intelligence)보다는 유연한 사고와 변화 속에서 능동적으로 새로운 지식을 습득함은 물론, 정보와 생활 재화를 재창출하는 창의성(creativity)이 가장 큰 능력이 되는 것을 인정하지 않을 수밖에 없게 되었다(홍윤기, 2008). 이러한 상황에서 우리 인간이 가진 근본적인 힘인 인문학적인 요소가 가미될 때 창조적인 능력은 배가 될 수 있다. 이와 같은 인문학이 가진 힘은 이름만 들으면 누구나 알고 있는 세계적인 명사들의 말을 통해 설명되고 증명될 수 있을 것이다.

> Steve Jobs는 "나는 지금도 시인 William Blake에 심취해 있고, 시를 읽으면 다양한 아이디어가 샘솟는다."라고 하였다. 애플사의 Steve Jobs는 William Blake를 좋아하였다. 그의 시에서 영감과 창의력을 얻는다고 하면서 특히 '순수의 전조'를 좋아하였다. ...... 영감의 원천인 창의력도 끊임없이 묻고 있는 질문과 인문학 독서에서 찾은 것이다. ...... 컴퓨터의 황제 Bill Gates도 "인문학이 없었다면 나도 없고, 컴퓨터도 없었을 것이다."라고 말하였다(김진혁, 2019).

창의성은 창의성 자체만의 능력이 아닌 인문학적인 역량이 가미되었을 때 그 힘이 배가되는 것이다. 그렇다면 창의적 문제해결을 위해서는 어떠한 능력들이 필요한 것일까? 그 능력들을 얻게 되면 우리는 실패 없이 우리가 원하는 것들을 얻을 수 있을까? 우리는 문제해결을 위한 역량들을 알아가기에 앞서 실패에 대하여 진지하게 고민해 볼 필요가 있다.

우리는 성공한 사람들의 멋진 인생을 들으면서 부러워하곤 한다. 그리고 동경한다. '나도 저렇게 되고 싶다.' '아...... 난 저렇게 성공할 수 있을까?' 그리고 성공한 사람과 나는 다른 사람이라고 치부해 버리며 성공은 나의 것이 아니라고 생각한다. '에이, 저 사람은 나와 다르니까.......' 이러한 우리의 생각은 무엇인가를 해 보기도 전에 포기하게 만들고, 우리를 좌절하게 만든다.

　무엇이 우리를 포기하게 만드는 것일까? 그것은 아마도 실패하는 내 자신의 초라한 모습, 아니 어쩌면 비참해지는 것을 경험하고 싶지 않기 때문일 것이다. 세계 최고의 대학교라고 불리는 하버드 비즈니스 스쿨(경영대학원)에 입학하기 위해서는 반드시 거치는 단계가 있다. 그것은 자신의 실패 경험을 에세이로 적어 제출하는 것이며, 이것은 중요한 합격 기준이 된다. 또한 하버드 비즈니스 스쿨에서는 자신의 실패 경험을 수업시간에 공유하면 박수를 받는다고 한다. 성공 경험은 다른 사람들에게 내어 놓기 쉽지만, 실패 경험을 공유하기 위해서는 용기가 필요하다. 그리고 성공 경험보다 실패 경험을 통해 더 많은 것들을 알 수 있기 때문이다(사토 지에, 2014). 실패한 사람만이 도전에 따른 실패를 감당할 수 있으며, 또 다시 일어설 수 있는 기회를 얻는다. 어린아이가 걸음마를 배울 때 넘어지는 것은 당연한 것이며 이러한 과정 없이 걸음마를 배울 수 없듯이, 우리 역시 실패 없이 성공이라는 목표를 이룰 수 없는 것이다.

　이에 이 장에서는 실패하는 것을 두려워하지 않으며, 실패했을 때 실패 안에서 머무르지 않고 다시 일어나 앞으로 나아갈 수 있도록 도와주는 여러 역량들인 동기, 마인드셋, 회복탄력성, 그릿, 공감 능력을 소개하고자 한다. 이 역량들은 창의적 문제해결에 도움이 되는 역량으로서 이 역량들과 창의성(창의적 문제해결)과의 관계를 살펴보려 한다. 이를 통해 실패하는 것을 두려워하기보다는 실패를 하더라도 내가 처한 문제를 해결할 수 있는 능력을 기를 수 있도록 노력하여야 할 것이다.

제6부 창의적 문제해결을 위한 역량

19

동기와 창의성

1. 동기의 개념 및 특성

지금 내가 무엇인가 결정해야 하는 행동을 한다고 가정하자. 운동을 할 것인가 말 것인가, 공부를 할 것인가 말 것인가. 한 해가 바뀌면, 또는 여름이 다가오면 많은 사람이 멋진 몸매를 갖기 위해 다이어트를 시작하지만, 다이어트에 성공하여 멋진 몸매를 갖게 되는 경우는 극히 드물다. 또한 좋은 성적이나 자신이 원하는 곳으로

진학이나 취업을 위해 공부를 하지만, 처음에 가졌던 의지를 끝까지 지속시키는 경우는 매우 드물다. 왜 우리는 처음에 마음먹은 것을 끝까지 유지하지 못하는 것일까?

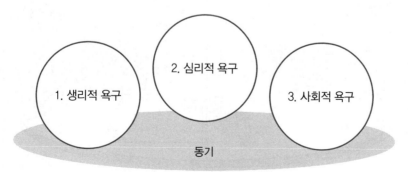

[그림 6-1] 동기 발생에 영향을 미치는 욕구

　　우리로 하여금 무엇인가를 행동하도록 움직이게 만드는 힘을 '동기(motivation)'라고 한다. 기본적으로 동기는 생리적 욕구, 심리적 욕구, 사회적 욕구에서 발생하게 된다(Johnmarshall Reeve, 2011).

　　평소에 다른 사람이 음식을 챙겨 주는 것이 일상인 사람에게는 스스로 음식을 차려 먹는 것이 매우 귀찮고 번거로운 일이다. 그래서 아무리 배가 고프더라도 누군가가 음식을 챙겨 줄 상황이 될 때까지 기다리곤 한다. 그러나 너무나도 배가 고프게 되면 아무리 귀찮다 하더라도 음식을 찾기 위해서 무거운 몸을 이끌고 냉장고 문을 열기도 하며, 집안 이곳저곳을 다니기도 한다. 이렇게 평소에 하지 않던 음식을 찾아 먹게 만드는 행동은 생리적 욕구로 인한 것이다. 심리적 욕구로 인하여 우리는 다른 사람의 인정을 받기 위해 열심히 공부나 일을 하기도 하고, 친밀함을 유지하기 위하여 바쁜 시간을 쪼개어 낙담한 친구의 말을 들어주기도 한다. 또한 사회적 욕구를 위하여 자신의 유능함을 보이기 위해 노력하기도 하며, 사람들에게 자신의 영향력을 주려고 애쓰기도 한다. 이러한 동기는 단일 욕구에 의해서 우리를 행동하도록 만들기도 하지만, 때로는 복합적인 욕구들에 의해서 우리를 행동하도록 만들기도 한다.

우리는 동기를 우리의 일상생활 속 여러 활동 안에서 크게 두 가지 요인으로 나누어 볼 수 있다. 즉, 자신의 흥미에 따라 행동하고 연습함으로써 적정 도전을 추구하고 숙달하려는 경향성인 내재적 동기(intrinsic motivation)와 칭찬이나 인정 그리고 좋은 학점 등과 같은 외적인 요인의 결과로 발생하는 외재적 동기(extrinsic motivation)로 나눌 수 있으며, 이 두 동기 유형에 따라 우리는 행동을 하게 된다.

내재적 동기는 활동을 통해 얻게 되는 심리적 욕구의 만족으로부터 시작되며, 외재적 동기는 어떤 행동을 통하여 수반되는 유인과 결과로부터 시작하게 되는 것으로 (Johnmarshall Reeve, 2011), '이런 행동을 하였을 때 저런 것을 얻을 수 있다'는 행동 계약에 의해 발생하게 된다. 즉, '이런 행동'은 요청되는 행위이며, '저런 것'은 외재적 유인 또는 결과인 것이다.

한편, Ryan과 Deci(2000)는 자기결정성이론을 통하여 동기를 동기 유형에 따라 무동기, 외재적 동기 그리고 내재적 동기로 구분하였다. 또한 외재적 동기는 자율성 정

〈표 6-1〉 동기의 유형

유형 및 개념		하위 유형 및 개념	
외재적 동기	칭찬이나 인정 그리고 학점 등과 같은 외적인 요인인 환경적 요인의 결과로 발생	외적 조절 동기 (자율성 정도에 따라 전혀 자율적이지 않음)	유인과 결과에 따라 움직이게 됨 (어떤 결과를 얻기 위하여)
		내사 조절 동기 (어느 정도 자율적임)	죄책감을 피하고 자존감을 높이기 위하여 움직임[내가 ~(을) 해야만 하기 때문].
		동일시 동기 (대체로 자율적임)	(~의) 가치와 중요성으로 인하여 움직임(그것이 중요하기 때문에)
		통합 조절 동기 (충분히 자율적임)	가치 일치성을 위하여 움직임(그것이 나의 가치를 반영하기 때문)
내재적 동기	자신의 흥미에 따라 행동하고 연습함으로써 적정 도전을 추구하고 숙달하려는 경향성	기본심리욕구인 자율성, 유능성, 소속감이 충족될 때 증진되는 내재적 동기는 자기 목적적인 행동, 즉 그 자체와 즐거움을 위해 하는 행동임	
무동기	외부 자극을 주어도 자율성이 전혀 없는 동기		

출처: Ryan, R. M., & Deci, E. L. (2000).

도에 따라 전혀 자율적이지 않은 '외적 조절 동기', 어느 정도 자율적인 '내사 조절 동기', 대체로 자율적인 '동일시 동기' 그리고 충분히 자율적인 '통합 조절 동기'로 구분하였다. 외적 조절 동기는 유인과 결과에 따라 움직이게 되며(어떤 결과를 얻기 위하여), 내사 조절 동기는 죄책감을 피하고 자존감을 높이기 위하여 움직인다[내가 ~(을) 해야만 하기 때문이다]. 동일시 조절 동기는 (~의) 가치와 중요성으로 인하여 움직이며(그것이 중요하기 때문에), 통합 조절 동기는 가치 일치성을 위하여 움직인다(그것이 나의 가치를 반영하기 때문에)로 설명할 수 있다(Ryan & Deci, 2000).

2. 동기와 창의성의 관계

창의적인 사고를 한다는 것은 단순히 하나의 관점에서 사물(상황)을 바라보는 것이 아니다. 물론 하나의 정답이 있을 수는 있다. 그러나 거의 대부분의 경우에는 하나 이상의 답이 존재할 가능성이 높다. 여기서 중요한 것은 정답이 하나이건 아니면 여러 개이건 상관없이, 답을 모르는 경우에는 여러 가지 경우의 수를 생각해 보아야 한다는 것이다. 미로찾기 그림을 보면서 바로 입구와 출구를 잇는 하나의 경로를 찾을 수도 있지만, 여러 번의 시행착오를 통하여 맞는 경로를 찾는 경우가 대부분일 것이다. 이처럼 미로를 빠져나오기 위해서는 길을 찾아가다가 막힌 길이 나오면 다시 탐색해야 하며, 되돌아 나올 수 있는 융통성을 발휘하여야 한다. 그런데 미로찾기는 어떤 사람에게는 매우 재미있는 작업일 수 있으나, 또 어떤 사람에게는 매우 지겨운 작업일 수도 있다. 이렇듯 어려운 작업 안에서도 내적 동기화가 된 사람은 그 안에서 재미를 붙이고 진지하게 임한다. 이와는 다르게 어떤 사람들은 미로찾기를 끝냄으로써 긍정적인 결과물을 통해서 보상을 받거나, 미로찾기를 끝내지 못해서 비난(무시)을 받는 것과 같은 외부에서 받는 자극(외적 동기화)으로 인하여, 힘들고 어렵지만 미로찾기라는 임무를 끝까지 수행하기도 한다.

여기서 중요한 것은 새로운 미로찾기를 하게 되었을 때, 이전의 방법에 따라 미로찾기의 과제를 수행한다면 우리는 성공하기 어렵다는 것이다. 새로운 길을 발견하기 위해서는 새로운 시각으로 바라보아야 하며, 이전의 방법과는 또 다른 방법을 시도해야 한다. 즉, 창의적인 방법을 사용할 때 우리는 미로로부터 해방될 수 있는 것이다.

이렇듯 우리가 어떠한 과제를 수행하기 위해서 그 과제를 잘 수행할 수 있는 기술(능력)이 필요한 것은 사실이나, 기술(능력)은 그 과제에 대한 흥미와 만나야 하며 또한 새롭게 바라보는 시각이 함께할 때 더 나은 기술(능력)이 되는 것이다(Amabile, 1992).

한편, 유경훈(2009)은 내재적 동기와 외재적 동기는 창의 성향과 정적인 상관이 있다고 보는데, 이는 두 요인이 유사한 정의적 특성을 갖고 있기 때문으로 보았다. 특히 내재적 동기나 비교적 자율성이 높은 동일시 동기나 통합 조절 동기의 경우에는 창의 성향과 높은 관계가 있으나, 자율성이 가장 낮은 외적 조절 동기나 자율성이 전혀 없는 무동기의 경우에는 창의성과 반대의 관계를 보이고 있다. 즉, 새로운 일을 시도하거나 독특한 과업을 실행할 경우에 창의적인 성향은 그 일(과업)에 대한 개인적인 흥미나 외부의 인정, 격려 등이 보상이나 자극이 되어 창의적인 해결 방법을 찾는 데 도움이 되는 것이다.

특히 내재적 동기와 외재적 동기의 창의성에 대한 설명력은 내재적 동기가 외재적 동기에 비하여 3배 이상의 큰 차이를 보이고 있다. 즉, 자신의 내면에서 우러나오는 즐거움과 흥미 등과 같은 요인은 창의성에 가장 많은 영향을 미친다. 이를 통해 창의적인 사고는 외부로부터의 칭찬이나 인정과 같은 요인보다는 즐거움과 흥미와 같은 내적 동기의 영향을 크게 받는 것을 알 수 있다(김청자, 2006; 유경훈, 2009). 우리는 이러한 정서적 요인으로서의 동기가 창의성에 주는 영향력이 학업성취나 지능과 같은 인지적 요인이나 부모의 양육 태도나 교실환경과 같은 환경적 요인보다 더 크게 작용한다는 사실을 알 수 있다(유경훈, 김청자, 2008).

활동 6-1	**공든 탑 무너뜨리기**

활동목표	주변의 물건으로 쌓은 공든 탑을 마음껏 무너뜨리는 활동을 통해 즐거움과 흥미 등 내재적 동기의 힘을 경험한다.

 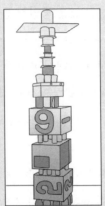

진행절차

1. 진행자를 정하고, 진행자는 시계와 호루라기를 준비한다.

2. 팀을 나누고 탑을 쌓을 공간을 마련한다.

3. 각 팀은 안전사고가 유발되지 않을 주변의 물건을 찾아온다(사전에 공지하여 준비하는 것도 좋은 방법이다).

4. 정해진 시간 내에 탑을 쌓고 즐겁게 무너뜨린다.

활동안내

1. 진행자 1명을 정한다.

2. 진행자를 제외하고 3명 또는 4명 등 적정한 인원으로 팀을 나눈 후 탑을 쌓을 공간을 마련한다.

3. 각 팀은 주변에서 탑을 쌓을 수 있는 물건(안전사고를 유발할 물건 제외)을 찾아온다(사전에 공지하여 준비할 수 있다).

4. 진행자가 정한 시간 내에 테이프, 풀 등 물건을 고정하는 장치 없이 물건만 이용하여 높은 탑을 쌓는다.

5. 어느 팀이 높은 탑을 쌓았는지 비교한다(어느 팀이 높은가는 중요하지 않음).

6. 진행자가 하나, 둘, 셋 호루라기를 불면 일상생활에서 쉽게 경험하지 못한 공든 탑을 힘껏 밀어 무너뜨리는 활동을 통해 카타르시스를 느낀다.

7. 활동 시간에 따라 탑을 쌓고 무너뜨리는 활동을 반복할 수 있다.

8. 자신의 내면에서 우러나오는 즐거움과 흥미를 경험하는 '공든 탑 무너뜨리기' 활동을 통해 내재적 동기의 힘에 대해 생각해 본다.

제6부 창의적 문제해결을 위한 역량

20
마인드셋과 창의성

1. 마인드셋의 개념 및 특성

'마음의 태도' '마음의 틀' '마음가짐' 등의 용어로도 쓰이는 마인드셋(mindset)은 성취가 요구되는 상황에서 자신이 가진 능력과 지능이 어느 정도 변할 수 있느냐에 대한 신념을 의미한다(최재수, 오주원, 2018). Carol Dweck(2007)은 인간이 변화 가능성에 대하여 어떤 방식으로 인식하며 사느냐에 따라 인생의 가치를 실현할 수 있는지 결정된다고 보았다.

마인드셋은 내재적 이론 또는 자기이론에 기반을 두고 있는데, 인간의 정신 활동은 대부분 내재적 차원에서 발생하며, 자신의 마음을 분명하고 쉽게 표현하지 못하여 내재적(암묵적) 표현을 사용하게 된다. 또한 자기 자신에 대한 신념, 즉 자기이론에 따르면 사람들 각자는 같은 상황일지라도 서로 다르게 인식하고, 느끼며, 행동하게 된다. 이러한 개인 내적이며 개별적으로 사고하는 방식에 대하여 Bandura와 Dweck은 지능에 대한 내재적 이론을 연구하면서 고정된 실체이론과 유동적이면서 발전 가능성이 있는 증진이론을 발견하였다(최재수, 오주원, 2018).

Carol Dweck(2007)은 인간의 자질이 돌에 새겨진 것처럼 불변하다는 믿음을 '고정 마인드셋(fixed mindset)'이라 부르며, 이는 자기 자신의 지능이나 개성 그리고 도덕성에 있어서 이미 정

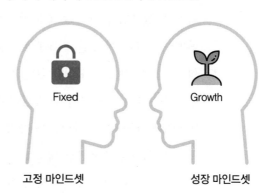

고정 마인드셋   성장 마인드셋

해져 있다고 스스로 믿는 것이라 하였다.

이에 반해 자신이 가진 현재의 능력은 고정되어 있는 것이 아닌 단지 성장을 위한 출발점에 불과하다고 여기며, 자신의 노력이나 전략 그리고 다른 사람과의 상호작용 안에서 얼마든지 성장할 수 있다고 여기는 믿음을 '성장 마인드셋(growth mindset)'이라고 지칭하였다.

자신의 재능, 능력, 성과가 고정되어 있다고 믿는 태도인 '고정 마인드셋'을 가진 사람들은 자신이 원하는 방향대로 일이 진행되지 않는 경험을 연거푸 하게 되면 '거부당하는 느낌'이 들거나 자신의 능력을 의심하거나 패배자라는 '절망감'을 느끼게 된다. 이런 사람들의 특징은 어떤 일을 함에 있어서 노력을 회피하는 경향을 지니고 있다. 이러한 경향의 사람들은 자신의 능력과 재능은 어차피 고정되어 있기 때문에 어려운 과제나 도전적인 상황에 맞닥뜨리게 되면 이를 극복할 만한 능력이나 재능이 없다고 생각한다. 그 때문에 회피하려 하거나, 더 노력하기보다는 자신이 가진 능력에 한정하여 해결하려고 하며, 다른 사람들의 도움에 전적으로 의존하려는 경향을 보인다. 또한 이러한 경향의 사람들은 실패에 대한 부정적인 태도로 인해 실패를 인정하거나 받아들이는 것이 어렵고 자신을 비판하거나 자책하려는 경향이 있다. 일이 잘 풀리지 않을 경우 무력감에 빠져들기도 한다. 그렇기에 이들은 새로운 도전을 피하는 모습을 보이곤 한다. 또한 이들은 새로운 도전을 즐기려 하기보다는 자신의 능력을 평가하는 것으로 생각하여 가능한 한 도전을 회피하고자 하는 경향성도 보인다. 더불어 이러한 다른 사람과의 비교를 통해 자신의 능력이 다른 사람에 비해 우월하기를 바라며, 다른 사람과 비교하여 인정받기를 바라는 특성을 보이곤 한다(최재수, 오주원, 2018).

이에 반해 '성장 마인드셋'을 가진 사람들은 노력으로 인하여 현재의 능력을 향상시킬 수 있다고 믿기 때문에 노력에 대하여 긍정적인 태도를 가지고 있다. 그렇기에 어떠한 상황이라도, 설사 실패의 가능성이 큰 상황이 될지라도, 이 기회를 배움의 기회로 여기고 새로운 도전을 환영하고 받아들일 수 있다. 이러한 새로운 도전은 자신을 성장시키는 원동력일 수 있기에 위험을 무릅쓰면서 도전을 받아들인다. 또한 '성장 마인드셋'을 가진 사람들은 자기 자신에 대한 믿음과 시선을 유연하게 조정할 수 있으며, 개선을 추구하는 태도를 지니고 있다. 새로운 분야나 낯선 상황은 이들에게는 위협이 아닌 하나의 새로운 경험이며, 도전을 통한 자신의 능력을 발전시킬 수 있는 기회로 받아들이는 것이다. 그렇기에 모험적인 상황들로 인해 자기 자신에 대해 다시금 긍정적인 자기평가와 자존감을 갖게 되는 것이다.

　'성장 마인드셋'과 '고정 마인드셋'의 내용을 비교하면 〈표 6-2〉와 같다.

〈표 6-2〉 **성장 마인드셋과 고정 마인드셋 비교**

구 분	성장 마인드셋	고정 마인드셋
능력(지능)	• 성장을 위한 출발점 • 타인과의 상호작용 안에서 성장 가능함	• 불변 • 이미 정해져 있는 것으로 인식함
자신에 대해	• 자신의 믿음과 시선을 유연하게 조정함 • 개선을 추구함	• 부정적인 태도 • 비난하거나 자책하는 경향성 있음
타인, 낯선 상황	• 자신의 능력을 발전시킬 수 있는 기회로 인식함	• 타인에 대해 의존하는 경향성 있음 • 타인보다 우월하고 싶어 함
노력	• 노력을 통해 능력을 향상 시킬 수 있음	• 회피 경향성 있음
도전	• 성장의 기회로 간주하고 위험을 무릅쓰고 받아들임	• 자신의 능력을 평가하는 것으로 인식함 • 회피함
실패에 대한 해석	• 배움의 기회로 여김 • 새로운 도전을 환영하고 수용함	• 자신을 패배자로 인식함 • 일이 잘 풀리지 않으면 무력감에 빠짐

2. 마인드셋과 창의성의 관계

　고정된 사고방식인 '고정 마인드셋'은 창의력을 제약시키지만, '성장 마인드셋'은 창의적 사고와 문제해결 능력을 향상시킨다(Carol Dweck, 2007). '성장 마인드셋'은 능력과 지적 능력이 개발 가능하다는 믿음을 가진 태도로, 실패를 학습의 기회로 긍정적으로 받아들이며 새로운 시도에 도전적인 자세를 갖게 한다. 창의적인 사고와 문제해결을 위해서는 문제를 바라보는 관점에 있어서, 고정된 것이 아닌 새로운 관점에서 바라보는 태도가 필요한데, 실패를 하나의 긍정적인 기회로 바라보는 이런 태도는 창의적인 사고와 문제해결 능력을 향상시킬 수 있다. 미국 시카고대학교 심리학

교수인 Csikszentmihalyi(2013) 역시도 '성장 마인드셋'은 창의성을 키우고, 새로운 아이디어를 발전시키는 과정에서 중요한 역할을 한다고 보았다. 즉, '성장 마인드셋'은 창의성과 혁신을 촉진시키는 역할을 하고 있는데, 이는 실패와 도전을 긍정적으로 받아들이는 '성장 마인드셋'을 지닌 사람들의 특징으로부터 기인한다. 그렇기에 '성장 마인드셋'을 지닌 사람들은 실패가 없는 안정적인 관점인 기존의 관점에서 벗어나 실패를 할 수도 있지만 이전과는 다른 새로운 관점으로 문제를 바라보기 때문에 창의적인 문제 해결과 혁신적인 아이디어를 도출할 수 있는 것이다.

또한 최근에는 '성장 마인드셋'뿐만 아니라, 창의성에 대한 인식과 관련되어 '창의적 마인드셋(creative mindsets)'이 주목받고 있다. Carol Dweck(2007)은 '마인드셋'이 고정되어 있는가 아니면 성장 가능한가의 믿음에 따라 지능에 영향을 줄 수 있다고 주장하고 있다. 이와 비슷한 맥락으로 Karwowski(2014)는 '창의적 마인드셋'을 주장하며, 마인드셋은 창의적 행동과 창의적 잠재력에 영향을 줄 수 있다고 보았다. 지능에 대한 마인드셋과 같이 창의성에 대한 마인드셋 역시도 고정되어 있다는 관점과 성장 가능하다는 관점으로 구성되어 있다. '고정된 창의적 마인드셋'은 창의성은 본질적으로 고정되어 있기 때문에 시간이 지나도 변하지 않는다는 신념을 의미한다. 이에 반해 '성장하는 관점의 창의적 마인드셋'은 창의성이란 안정적이지 않기에 언제든지 노력으로 성장 가능하다고 여기는 신념을 뜻한다(안동근 외, 2018).

한편, Carol Dweck(2009)은 143명의 창의성 연구자들을 대상으로 한 연구에서 '창의력을 기르는 최고의 요소'는 '성장 마인드셋'으로 길러진 '인내심'과 '회복력'이라고 하였다.

활동 6-2 **실패해도 괜찮아**

활동목표	친구와 함께 하는 '실패해도 괜찮아!' 활동을 통해 '성장 마인드셋'의 힘을 경험한다.

Proper
Preparation
Practice
Prevent
Poor
Performance

진행절차

1. 내가 실패한 경험과 친구가 실패하였을 때 내가 해 주고 싶은 따뜻한 응원의 메시지를 각각 노란색, 초록색 포스트잇에 적어 A, B 보드판에 붙인다(포스트잇 아래에 자신의 닉네임과 함께).

활동안내

1. 각자 내가 실패한 경험을 노란색 포스트잇에 적어 A 보드판에 붙인다.

2. 친구가 실패하였을 때 내가 해 주고 싶은 따뜻한 응원의 메시지를 초록색 포스트잇에 적어 B 보드판에 붙인다.

3. 내가 실패하였을 때 가장 듣고 싶었던 친구의 따뜻한 응원의 메시지가 적힌 초록색 포스트잇이 있는지 B 보드판에서 찾아 자신의 닉네임이 있는 노란색 포스트잇 옆에 붙인다(없다면 본인이 듣고 싶었던 메시지를 적어 붙인다).

4. 참여자 모두가 돌아가면서 찾아 붙인 후, 자신에게 따뜻한 응원의 메시지를 적어 준 친구가 누구인지 찾아 감사의 인사를 전한다.

5. 실패와 도전을 긍정적으로 받아들이는 '성장 마인드셋'을 경험하는 '실패해도 괜찮아!' 활동을 통해 '성장 마인드셋'이 주는 힘에 대해 생각해 본다.

실패해도 괜찮아!

A : 내가 실패한 경험

B : 친구가 실패했을 때 내가 해 주고 싶은 따뜻한 응원의 메시지

21
회복탄력성과 창의성

1. 회복탄력성의 개념 및 특성

어떤 사람이 자신이 원하는 일들을 계속 실패하게 되면 어떤 감정을 느낄까? 아무리 공부해도 원하는 학점을 받지 못하거나 아무리 노력을 해도 사람들과의 관계를 풀지 못하고 계속 꼬여만 가는 느낌이 들 때, 그 사람의 마음은 어떨까? 절망감을 느끼거나 좌절감을 느낄지도 모른다. 어쩌면 우울하거나 열등감을 느낄 수도 있다. 이런 감정을 우리는 변화시킬 수 있을까? 많은 사람은 자신의 감정을 알아차리기도 전에 화를 내거나 슬퍼하거나 좌절해 버린다. 그리고 생각한다. '나는 아무리 해도 되지 않는 인간이야.' '나는 끝이야.' 이런 생각에 빠졌다면 Og Mandino의 책에 나오는 한 구절을 음미해 보자.

> 우울함을 느낄 때는 흥겨운 노래를 부르고,
> 슬픔이 느껴지면 큰 소리로 웃으리라.
> 아픔을 느낄 때는 두 배로 일하고,
> 두려움이 느껴지면 과감하게 돌진하리라.
> 열등감을 느낄 때는 새 옷으로 갈아입고,
> 무능력함이 느껴지면 지난날의 성공을 기억하리라.
> 가난함을 느낄 때는 다가올 부를 생각하고,
> 삶이 무의미하게 느껴지면 내 목표를 되새기리라.
> 이제 나는 내 감정의 지배자가 되리라.

– Og Mandino, 1985

회복 탄력성
(Resilience)

Og Mandino는 자신의 감정에 휘둘리지 않고 부정적인 감정을 극복하기 위하여 노래를 흥얼거리기도, 일부러 큰 소리로 웃기도 한다고 하였다. 이러한 것들은 일부 특별한 사람들만이 지닌 능력일까? 그렇지는 않다. 단지 지금 자신의 열악한 상황을 극복하고자 하는 회복탄력성이 다른 사람들에 비해 높은 것이며, 이를 통해 부정적인 감정에 묻히지 않고 이를 극복할 수 있는 것이다.

그렇다면 회복력이란 무엇일까? '회복력' 또는 '회복탄력성(resilience)'이라 불리는 이 개념은 극도의 스트레스 상황이나 열악한 환경 속에서 좌절하지 않고, 자신이 지닌 내적 자원과 외적 자원을 적극적으로 활용하여 자신이 처한 위기상황에 대처함은 물론 마음의 평안을 유지해 낼 수 있는 긍정적인 힘을 의미한다(Waters & Sroufe, 1983). 또한 '회복탄력성'은 다양한 스트레스에도 불구하고, 부정적인 상황을 긍정적인 감정을 통해 잘 적응하고 극복하도록 하는 심리적 복원력이다(Tugade & Fredrickson, 2004). 즉, 온갖 역경과 어려움이 닥치는 상황 속에서 좌절하지 않고 이를 오히려 발판으로 삼는 힘인 것이다(김주환, 2011).

우리는 생활 속에서 안전하면서도 어려움 없이 살아갈 수 있는 것은 아니다. 온갖 시련과 역경을 겪기도 하고, 이러한 시련과 역경 때문에 좌절하기도 한다. 이때 그 좌절의 상태에 그대로 머무르는 사람이 있는가 하면, 그 상태를 극복하기 위해 조금 더 노력하는 사람이 있다. 좌절의 상태를 극복하기 위하여 힘들지만 조금 더 노력하거나 주변 환경의 도움을 받아 이겨 내려고 노력하는 사람들에게는 다시 원래의 안정된 상태로 돌아가려는 심리적 복원력이 있는데, 이를 회복탄력성이라고 한다. 이 회복탄력성은 역경의 상황에 놓인 우리가 하게 되는 대응에 영향을 미치게 되며, 우리가 생활하는 일상에서의 사건이나 타인에 대한 반응 양식을 통해 꾸준히 학습하게 된다. 우리는 이렇게 학습된 반응 양식에 따라 절망적인 상황에서 그 절망을 딛고 일어날 것인지, 아니면 그 자리에 그대로 주저앉아 있을 것인지를 결정하게 된다(Linda Graham, 2014).

회복탄력성은 단순히 어떠한 자극에 대하여 원래의 상태로 돌리는 것만을 의미하는 것은 아니다. 역경으로 인해 나락으로 떨어졌던 사람은 회복탄력성으로 인해 원래 있었던 곳보다 더 높은 곳으로 올라가게 된다. 즉, 실패를 딛고 성공으로 나아가거나, 아픔을 딛고 기쁨을 느낄 수 있게 되는 것이 바로 회복탄력성인 것이다. 그렇다고 회복탄력성이 특별한 능력이라고 생각할 필요는 없다. 회복탄력성은 어려운 상황을 보다 긍정적으로 받아들이게 하는 것이며, 희망을 갖고 삶에 의미를 부여하는 것이다. 또한 적극적으로 행동하도록 하여 다른 사람들과 상호작용을 하게 만드는 평범한 특성인 것이다(김상수 외, 2019).

이러한 회복탄력성은 하나의 요인으로 구성되지는 않는다. 자기효능감이나 내적 통제력 그리고 인내심 같은 개인 내적인 요인은 물론 가족이나 사회 지원망과 같은 개인 외적인 요인과 같은 하위요인들로 구성되어 있다(Ryan & Caltabiano, 2009). 이렇듯 개인 내외적 요인들로 구성된 회복탄력성은 개인의 능력과 자원에 초점을 둠으로써 한 개인의 긍정적 성장에 대한 핵심 능력과 태도를 밝히는 데 유용한 개념이다(고미숙, 2016).

> 자! 그렇다면 나의 회복탄력성은 어느 정도인지 확인해 보고 싶으시죠? 다음에 제시된 회복탄력성 검사도구로 확인해 보세요.

〈표 6–2〉**회복탄력성 검사**

점수는 5점 척도이며, '매우 그렇다' 5점, '그렇다' 4점, '보통이다' 3점, '그렇지 않다' 2점, '전혀 그렇지 않다' 1점으로 구성되어 있다.

질문내용	점수
1. 나는 새로운 일이 주어져도 잘해 낼 자신이 있다.	
2. 실패를 통해서도 배우고 다음에 접근 방식을 바꾼다.	
3. 일이 계획대로 진행되지 않아도 불행해 하지 않는다.	
4. 내 주변에는 고민을 터놓을 친구나 동료가 있다.	
5. 어떤 상황이든 나 자신을 용납한다.	
6. 한 번 시작한 일은 끈기 있게 밀고 나간다.	
7. 스트레스를 해소하는 나만의 방법이 있다.	
8. 나만을 위한 시간을 따로 갖는다.	
9. 미래에 대해 긍정적으로 생각한다.	
10. 내가 통제할 수 없는 문제들은 걱정하지 않는다.	
11. 도움을 청하는 것은 약점이라고 생각하지 않는다.	
12. 삶에 변화가 생기면 그에 맞게 생각을 바꾸려 한다.	
13. 감정적인 문제가 대인관계나 이를 방해하지 않는다.	
14. 감사해야 할 일이 많다.	
15. 나는 평소 '아니요'보다는 '예'라고 자주 말한다.	
16. 나는 언제나 사랑받는 사람이다.	
합계	

출처: Gazelle & Gail (2020).

나의 회복탄력성 검사 결과

학 과		검 사 일	. . .
이 름		검사결과	점

16~37점	회복탄력성이 비교적 낮은 편이다. 현재 자신감이 없거나 미래를 비관할 수도 있다. 스트레스를 받아도 해소할 방법이 없고 통제 불가능한 일인데도 네 방식대로 해결하려고 애쓰는 편이다. 하지만 포기하지 말자. 작은 변화부터 시작해 보자.
38~59점	회복탄력성이 높지는 않지만 개선의 여지는 충분하다. 아마도 내면의 힘을 더욱 키워야 할 수도 있다. 자신에게 부족한 것이 무엇인지 살펴보고, 회복탄력성을 높이기 위한 방법들을 찾아 실행해 보자.
60~80점	회복탄력성이 높은 편이다. 스트레스를 잘 해소하고 사고방식이 유연하며, 대인관계가 원만한 사람이다. 분명한 목표를 가지고 있으며 매사에 긍정적이고 어떤 도전도 기꺼이 받아들이는 사람이다.

2. 회복탄력성과 창의성의 관계

창의성의 특성은 강한 회복력의 특성과 깊은 관계가 있다 (Metzl & Morrell, 2008). 창의성은 다양한 조합을 통해 새로운 문제해결 방법을 창출하거나 새로운 관점에서의 해결 방법 을 실현하기 위하여 끈기 있게 노력하는 능력이다. 이러한 창 의적인 문제해결 과정에서 여러 압박 및 실패와 불확실성으 로 인하여 스트레스를 유발하기도 한다. 그렇기에 어려운 상 황에서 빠르게 원래의 상태로 회복하고 스스로 조절하며 재 기할 수 있는 능력인 회복성과 창의성은 긍정적인 관계인 것 이다.

높은 회복탄력성을 지닌 사람들은 어려운 상황 속에서도 좌절하기보다는 그 상황 을 빠르게 개선하기 위하여 노력하며, 이를 위해 긍정적인 자세를 유지한다. 또한 자 신에게 가해지는 스트레스를 관리할 수 있는 능력을 가지고 있다. 이러한 자세들은 창의성을 향상시킬 수 있게 된다. 이러한 특성을 Ryan과 Caltabiano(2009)는 회복탄 력성의 개인 내적 요인인 자기효능감이나 내적 통제력 그리고 인내심과 같은 요인이 지닌 특성으로부터 기인하기 때문이라고 하였다. 창의성이 기존의 관습적인 사고방 식에 도전하고 새로운 관점과 접근법을 통해 해결하려는 특성을 지녔기에, 이러한 창 의적인 활동 안에는 많은 스트레스와 어려움이 상존하게 된다. 이로 인해 어려운 상 황 속에서도 빠르게 회복하고, 긍정적인 자세를 유지하며, 스트레스를 관리할 수 있 는 능력인 회복탄력성이 높은 개인은 이로 인해 창의성이 향상될 수 있는 것이다.

회복탄력성과 창의성의 관계는 다음과 같은 특성을 갖는다.

첫째, 회복탄력성은 어떠한 상황 속에서도 인내심을 유지하도록 한다. 높은 회복 탄력성을 가진 이들은 항상 긍정적인 태도를 유지하며, 눈앞에 보이는 문제에 집중하 여 해결하기보다는 인내심을 갖고 근본적인 문제를 해결하려고 한다. 창의성은 인내 심을 요구하는 경우가 많기 때문이다. 이러한 과정 속에서 창의성을 향상시킬 수 있 다. 창의성이 향상되기 위해서는 어떠한 문제에 대해 단순히 접근하기보다는 깊이 생각하고, 다양한 해결책을 고려해야 하는 것이다. 이러한 창의성의 특성으로 인해 회복탄력성이 높은 사람들은 창의성을 향상시킬 수 있게 된다.

둘째, 앞에서 언급했듯이 회복탄력성은 긍정적인 태도를 지니게 한다. 그렇기에 높은 회복탄력성을 가진 이들은 다른 사람이나 처해진 상황에 대해서 긍정적인 관점을 찾아낼 수 있는 힘을 가지고 있다. 이는 창의성 향상에 도움이 된다. 다양한 관점에서의 접근은 창의성 향상에 도움이 되는데, 긍정적인 태도를 지닌 높은 회복탄력성을 지닌 사람들이 이에 해당한다.

셋째, 회복탄력성은 과도한 스트레스 상황에서도 자기조절을 할 수 있는 능력이 있다. 이 능력은 감정을 조절하기도 하고, 동기를 부여하기도 한다. 또한 목표 달성을 위하여 자신을 이끌어 갈 수 있는 능력이 되기도 하다. 이러한 회복탄력성의 특성은 창의성을 촉진시키기도 한다. 즉, 자율성이 필요한 영역인 창의성이 향상되기 위해서는 스스로에게 동기가 부여되어야 하며, 자율적인 아이디어 발현을 위해 자기조절과 자율성이 필요한 것이다. 회복탄력성이 높은 사람들은 자기조절과 자율성을 향상시킬 수 있는 능력이 있기에 창의적인 사고와 행동에 도움이 될 수 있다.

넷째, 회복탄력성이 높은 사람들은 어떠한 상황 속에서도 유연하게 대처할 수 있으며, 높은 적응력을 보인다. 이러한 유연한 사고와 적응력은 창의성 향상에 도움이 된다. 창의성 향상을 위해서 기존의 것(상황, 사물 등)들을 있는 그대로 바라보기보다는 새로운 시각에서 접근하여야 하며, 어떠한 문제가 발생했을 때 유연하게 대처해야 한다. 그렇기에 다양한 상황에서 유연한 사고와 접근법을 지닌 높은 회복탄력성을 지닌 사람들은 그렇지 않은 사람들에 비해 창의성을 높일 수 있는 것이다.

다섯째, 회복탄력성이 높은 사람들은 자기존중감과 자기효능감을 높일 수 있다. 즉, 이들은 자신이 가진 능력과 가치를 인정하며, 스스로에게 높은 수준의 능력이 있음을 알고 있기에 어떠한 상황에서도 잘 극복할 수 있다는 자기 자신에 대한 믿음과 능력을 통해 창의적인 능력을 발휘할 수 있는 것이다.

이처럼 높은 회복탄력성은 단순히 어떠한 상황이나 문제에 직면하였을 때 개인의 스트레스 조절이나 고난을 극복하는 것에 그치지 않고, 긍정적인 감정, 자기조절, 유연성, 자기존중감이나 자기효능감 등을 통해 창의성을 촉진하도록 하는 것이다.

활동 6-3 ### 고무줄 레이저 통과하기

활동목표	제시된 모양의 색 고무줄 레이저를 건드리지 않고 통과하는 활동을 통해 회복탄력성의 힘을 경험한다.

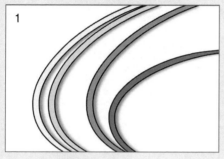

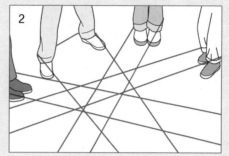

진행절차

1. 8명을 한 팀으로 해서 4팀으로 나눈다(참여 인원에 따라 적정인원 선정).

2. 2팀씩 나누어 활동을 한다.

3. 팀원 모두 거미줄 모양의 색 고무줄 레이저를 통과한 팀이 승리한다.

활동안내

1. 8명을 한 팀으로 해서 4팀으로 나눈다(참여 인원에 따라 적정인원 선정).

2. 각 팀별로 둥근 색 고무줄을 10개씩 나눈다.

3. 각 팀별로 긴 색 고무줄을 묶은 후 발에 걸거나, 혹은 손으로 잡아 레이저 모양을 만드는 등 상대팀이 통과하기 힘든 모양이 무엇일지 전략을 구상한다.

4. 2팀씩 나누어 토너먼트식으로 활동한다.

5. 고무줄 레이저 통과하기 활동은 각 팀원 모두가 색 고무줄 레이저를 통과한 팀이 승리한다.

6. 분명한 목표를 가지고 긍정적인 도전을 경험하는 '고무줄 레이저 통과하기' 활동을 통해 회복탄력성이 주는 힘에 대해 생각해 본다.

22
그릿과 창의성

1. 그릿의 개념 및 특성

'그릿(Grit)'이란 개인이 장기적인 목표 달성을 위해 필요한 열정과 인내의 특성으로, 어떤 상황적 어려움에도 포기하지 않고 끝까지 버티는 힘을 말한다(Duckworth, Peterson, Matthews & Kelly, 2007). 그릿은 흥미 유지(열정)와 노력 지속(끈기 또는 인내)이라는 하위 요소로 구성되어 있다(정은이, 2019; Martin Meadows, 2015). 또한 그릿은 자신이 이루고자 하는 목표에 대한 관심을 꾸준히 유지해 나가는 흥미 유지(열정)의 특성이며, 긴 시간에 걸쳐 노력 지속(끈기 또는 인내)을 기울이는 특성을 말하기도 한다(임효진, 2017).

그릿은 단순히 높은 지능이나 천부적인 재능만이 목적 달성을 보장하는 것이 아니고, 목표를 향해 꾸준히 노력하고 인내를 갖는, 즉 끈기 있게 몰입했을 때 목적을 달성한다는 것을 의미한다. 그릿은 한 개인이 지닌 개인 내적 특성으로서, 그릿을 가진 한 개인은 자신이 정한 목표를 달성하기 위해 끈기 있게 몰입하는 특성을 보이게 된다. 그릿이 높은 개인은 어려운 상황에 직면하더라도 포기하지 않고 지속적으로 노력하며, 실패와 어려움에도 불구하고 계속해서 목표를 향해 나아가는 특징을 가지고 있다. 또한 그릿은 높은 수준의 자기조절, 시간관리, 강한 투지, 장기적인 목표 달성을 위한 끈기와 열정, 도전을 당연하게 받아들임으로써 자기 스스로에게 동기를 부여하는 것 등과 관련이 있는 것으로 알려져 있다(Martin Meadows, 2015).

그릿이 높은 개인은 자신을 조절하는 데 있어 더 효과적인 능력을 가지고 있어 자신의 목표에 따라 꾸준하게 노력하고, 어려운 상황에서도 긍정적인 자기동기를 유지할 수 있다. 또한 자신이 조금 더 노력하면 달성할 수 있는 정도의 목표를 설정하고, 적절한 계획을 세우며, 일정한 시간과 에너지를 투자하기 때문에 정한 목표를 달성하는 능력이 뛰어나다는 것은 많은 연구를 통해서 확인되었다.

자! 그렇다면 나의 그릿 정도는 어느 정도인지 확인해 보고 싶으시죠? 다음에 제시된 그릿 검사 도구로 확인해 보세요.

〈표 6-3〉 그릿 검사

점수는 5점 척도이며, '매우 그렇다' 5점, '대체로 그렇다' 4점, '조금 그렇다' 3점, '대체로 아니다' 2점, '전혀 아니다' 1점으로 구성되었다. 1, 3, 5, 7, 9번은 역순으로 계산한다.

질문내용	5점 척도				
1. 나는 새로운 생각이나 일 때문에 원래 하고 있는 생각이나 일을 방해받은 적이 있다.	5	4	3	2	1
2. 나는 실패해도 낙담하지 않는다. 나는 쉽게 포기하지 않는다.	5	4	3	2	1
3. 나는 종종 어떤 목표를 세우지만 그 뒤에 다른 목표를 추구하기로 선택한다.	5	4	3	2	1
4. 나는 열심히 노력하는 사람이다.	5	4	3	2	1
5. 나는 완성하는 데 몇 개월 이상 걸리는 일에 계속 집중하기가 어렵다.	5	4	3	2	1
6. 나는 무엇이든 시작하면 끝을 맺는다.	5	4	3	2	1
7. 나의 흥미와 관심은 매년 달라진다.	5	4	3	2	1
8. 나는 근면 성실하다. 나는 결코 포기하지 않는다.	5	4	3	2	1
9. 나는 어떤 생각이나 일에 잠깐 사로잡혔다가 곧 흥미를 잃어버린다.	5	4	3	2	1
10. 나는 힘든 도전을 이겨 내기 위해 어려움을 극복한 적이 있다.	5	4	3	2	1
합계					

출처: Meadows & Martin (2015).

나의 그릿 검사 결과			
학 과		검 사 일	. . .
이 름		검사결과	점

2. 그릿과 창의성의 관계

Angela Duckworth(2016)는 '그릿'과 '창의성' 사이의 관계를 강조하였다. 그릿은 어떠한 실패와 어려움에도 불구하고 열정과 인내를 통해 자신이 정한 목표를 달성하고자 하는 특성이 있는데, 이러한 그릿의 특성은 창의성을 키우는 데 도움이 될 수 있다. 그릿이 높은 사람은 계속되는 실패에도 불구하고 이러한 실패 상황을 또 다른 학습의 기회로서 긍정적으로 인식한다. 마치 전구의 수명을 길게 유지할 수 있는 방법을 찾은 후 Edison이 한 명언인 "나는 실패하지 않았다. 나는 성공하지 못한 10,000가지의 방법을 발견했을 뿐이다(I have not failed. I've just found 10,000 ways that won't succeed)."와 같이, 그릿이 높은 사람은 잘 되지 않는 것을 실패라고 인식하기보다는 또 다른 방법을 찾아가는 기회로 인식하게 된다. 다른 표현으로 바꾸면 실패는 단순히 손실을 보고 마는 것이 아니라, 실패를 거듭하고 있는 자신 안에 내공을 쌓고 있는 것이다. 즉, 자신의 마음속에서 실패라고 동의를 하기 전까지는 단순한 실패가 아닌, 일종의 피드백인 것이다. 우리는 실패를 통하여 더 노력하는 것을 배우며, 원하는 목표를 이루기 위해 더 다양한 방법을 찾으라는 피드백을 받게 되는 것이다(신동선, 2013).

이러한 실패의 상황을 학습의 기회로 받아들이는 것은 단순히 긍정적인 인식만 작용하는 것이 아니다. 창의성이 높은 사람들은 자신이 해결하고자 하는 것을 일반적이지 않은 방법으로 해결하기 위하여 지금과는 다른 새로운 시각에서 바라보고 생각하기에, 생각하지 못하는 위험들을 감수해야 하는 것이다. 또한 일반인들이 습관적으로 받아들이는 사고(thinking)와도 맞서야 하는 것이다. 이때 필요한 것은 긍정적인 사고뿐만 아니라 끈기와 노력이다. 그릿의 두 요소인 끈기와 노력은 자신이 사고하는 방식에 대해 시비를 가리기 위한 시행착오와, 이로 인해 발생하는 스트레스 상황을 극복하기 위하여 필요하다. 그렇기에 Carol Dweck(2009)은 그릿의 두 요소인 열정과 끈기가 어려움에서 성공할 수 있는 요소로서, 이는 창의성을 위한 성공의 영향력이라고 주장하였다.

한편, 창의성은 새로운 방식으로 사고하고 탐구하며, 문제를 해결하려는 경향성을 지니고 있다. 이러한 창의성의 경향을 지닌 사람들은 새로운 아이디어에 관심을 갖고 꾸준히 집중하는 성향이 필요한데, 이는 그릿의 특성인 대상에 대한 흥미 유지인 열정과 유사하다(임효진, 2017). 이러한 창의적 문제해결에 대한 태도는 지속성, 인내심은 물론 유연한 사고나 새로운 방법의 탐색 등의 특성을 가지고 있는데, 창의성과 관련되어 반복적으로 등장하는 특성은 과제 지속성, 열정과 인내 등이다(이경화, 김은경, 고진영, 박춘성, 2011; Starko, 1995). 이를 통해 그릿은 창의적인 문제해결을 위한 또 하나의 열쇠라는 것을 알 수 있다.

활동 6-4	**미래의 자녀를 위한 6컷 동화 창작하기**

활동목표	내가 아빠 · 엄마가 되었을 때 나의 자녀에게 들려줄 6컷 동화를 창작하는 활동을 통해 그릿의 힘을 경험한다.

출처: 김경미(2008).

스토리 : 자석 멍치는 친구가 없어 늘 심심하고 외로웠어요. 멍치는 좋은 친구를 만나기 위해 직접 먼 길을 떠났어요. 길을 가다 시냇가에서 조약돌도 만나고, 동네에서 휴지도 만나고, 바닷가에서 조개껍데기와 바위 그리고 동전도 만났어요. 그럴 때마다 멍치는 나의 친구가 되어 줄 수 있는지 물어보았지만, 조약돌, 휴지, 조개껍데기, 바위, 동전 모두는 친구가 되어 줄 수 없다고 하였어요. 그때 모래 속에 묻혀 있던 구부러진 못을 보았어요. 멍치가 못에게 나의 친구가 되어 줄 수 있는지 물어보자, 구부러진 못은 기꺼이 멍치의 다정한 친구가 되어 줄 수 있다고 하면서 멍치를 꼭 안아 주었어요. 좋은 친구를 만난 멍치는 외롭지 않아 너무 행복했답니다.

• 주제: 자석에 붙는 물체와 붙지 않는 물체

진행절차

1. 내가 아빠 · 엄마가 되었을 때 나의 자녀에게 들려줄 6컷 동화의 주제를 정한다.
2. 선정된 주제에 대한 6컷 분량의 스토리를 구성한다.
3. 스토리에 따라 6컷 동화를 그린다.

활동안내

1. 2명이 한 팀이 되어 내가 아빠 · 엄마가 되었을 때 나의 자녀에게 들려주기에 적합하다고 생각되는 6컷 동화의 주제를 정한다.
2. 선정된 주제의 동화 제목을 붙여 본다(4번 활동 후에 해도 무방함).
3. 선정된 주제 및 제목에 따른 6컷 분량의 스토리를 스토리보드에 적는다.
4. 스토리에 따라 6컷 동화를 그린다(그림 자체를 잘 그리는지 못 그리는지는 개의치 않는다).
5. 동화가 완성되면 지은이 이름을 적으며, 창작의 뿌듯함을 느낀다.
6. 창작한 6컷 동화를 팀별로 발표한다.
7. 아빠 · 엄마가 되었을 때 나의 자녀에게 들려주기에 가장 좋은 동화를 창작한 팀에게 별 스티커를 붙여 준다.
8. 팀별로 창작한 6컷 동화를 모아 PPT로 제작하여 클라우드에 보관한 후 미래 나의 자녀에게 동화를 들려줄 준비를 한다.
9. 장기적인 목표 달성을 위한 끈기와 열정, 도전을 경험하는 '미래의 자녀를 위한 6컷 동화 창작하기' 활동을 통해 그릿이 주는 힘에 대해 생각해 본다.

제목 :

지은이 :

①

②

③

④

⑤

⑥

23
공감 능력과 창의성

1. 공감 능력의 개념 및 특성

최근의 교육 트렌드는 하나의 지식을 단순히 배우고 익히는 정도에 그치는 것이 아닌 다른 학문 또는 계열과의 융합을 통한 융복합적인 시도가 지속되는 것이다. 특히 공학계열에서는 융합 캡스톤 디자인과 같은 교과목이 운영되기도 하며, 공학 계열과 비공학 계열 간 협업을 통한 융합에 대한 인식의 폭이 확장되는 상황이다(김정연, 태진미, 2018). 이러한 다른 학문과의 융합의 시대적 상황에서 학습자들에게 필요한 것은 다른 전공이나 분야를 이해하고 받아들이는 인지적 공감 능력뿐만 아니라, 타인의 감정을 함께 공유할 수 있는 정서적 공감 능력이다(김정연, 2021).

Edward Titchener는 '감정이입(einfühlung)'이라는 미학 용어를 심리학에 도입하여 그리스어인 'empatheia'로 표기하였다. 'empatheia'는 'em'이라는 '안(in)'과 'patheia'의 '고통(suffering)' 또는 '열정(pathos)'의 합성어로, '다른 사람의 고통이나 열정을 내 안에서 느끼는 것'을 의미한다(양옥경, 2022). 이 'empatheia'가 현재의 '공감(empathy)'의 개념이 되었다. 즉, '공감'은 Carl Rogers(1959)가 정의한 대로 '상대방의 현실을 있는 그대로 인정하며 어떠한 평가나 판단을 하지 않고 있는 그대로를 받아들이는 것'이다. '공감'은 세 가지 유형으로 구분할 수 있다.

타인의 견해를 이해하는 능력인 '인지적 공감', 타인의 감정을 함께 느끼는 능력인 '정서적 공감', 그리고 타인이 나에게 필요로 하는 것이 무엇인지를 알아차리는 능력인 '공감적 관심'으로 구분할 수 있다(Daniel Goleman, 2018). 또한 Davis(1980)는 공감의 하위 영역인 정서적 영역은 동기유발에 있어 결정적인 역할을 하며, 인지적 영역은 정서적 경험을 변형하는 역할을 한다고 보았다. 즉, 정서적 영역은 공감적 관심과 개인적 고통을 구분하며, 인지적 영역은 상상하기와 조망수용능력을 구분하는 역할을 하게 된다.

그렇다면 공감은 선천적인 것일까? 아니면 후천적인 것일까? 물론 학자들에 따라 공감 능력을 선천적으로 볼 수도 있고, 후천적으로 생각할 수도 있다. Jamil Zaki는 마인드셋의 창시자인 Carol Dweck과 연구를 진행하였다. 연구에 참가한 참가자들 중 몇몇인 '일상의 고정주의자들'은 지능이나 외향성 등의 심리적 요인들은 변할 수 없는 기질적 특성이라고 믿었으며, 나머지 몇몇인 '일상의 유동주의자들'은 심리적 요인들을 기술과 같이 바꾸려 노력한다면 바뀔 수 있는 특성으로 보고 있다.

이 참가자들에게 무작위로 주어지는 텍스트에 따라 그 기사들을 읽게 하는 실험을 한 결과, 참가자들은 자신의 공감 성향과는 상관없이 텍스트의 내용을 있는 그대로 받아들이는 모습을 보였다. 이러한 실험을 통해 Jamil Zaki와 Carol Dweck은 공감 역시도 고정주의적인 사고를 변화시킬 수 있다는 것을 확인하며, '공감의 마인드셋'이라는 개념을 제시하고 있다(Jamil Zaki, 2020). 즉, 공감 역시도 다른 특성들과 마찬가지로 어떤 마음을 갖고 노력하느냐에 따라 길러질 수 있는 특성을 지닌 것이다. 이러한 공감 능력은 사회적 상호작용에 있어서 매우 중요한 역할을 한다. 공감을 통하여 다른 사람과의 이전의 관계를 더욱 증진시키거나, 불편해진 관계를 해소할 수 있으며, 다른 사람이 처한 상황을 더 잘 이해할 수 있게 되는 것이다. 이를 통해 눈에 보이는 것이 아닌 그 이면에 숨은 것까지도 알 수 있도록 한다.

2. 공감 능력과 창의성의 관계

창의성이 높다는 의미는 자신의 아이디어를 계발하고, 다른 사람들과 다른 점을 두려움 없이 받아들인다는 것이다. 한편, 높은 공감 능력을 가지고 있다는 것은 다른 사

2. 공감 능력과 창의성의 관계

람을 충분히 이해하고, 그가 가진 정서를 함께 공유한다는 것을 말한다. 이 두 개념을 함께 정리하면, 공감 능력이 뛰어난 창의적인 사람은 다른 사람과 다른 점을 두려워 하지 않으면서도 다른 사람을 충분히 이해하고, 그가 가진 장점들을 받아들임으로써 새로운 관점을 가진 사람인 것이다.

공감 능력이 뛰어난 사람은 다른 사람의 관점에서 세상을 바라보는 조망수용능력 이 뛰어나기 때문에 새로운 관점을 발견하거나 새로운 아이디어를 도출할 수 있는 장 점을 가지고 있다. 이는 창의성이 가진 특성과 일맥상통한 부분이다. Guilford(1967) 는 창의성을 유창성, 융통성, 독창성, 정교성, 민감성, 재정의의 여섯 가지 구성요소 로 제시하고 있다. 이 중에서 정교성은 기존의 아이디어나 다른 사람이 제시한 아이 디어를 세심하게 발전시킬 수 있는 능력을 의미한다(조규판, 주희진, 양수민, 2019). 즉, 내가 생각한 아이디어 이외의 다른 아이디어를 거부하거나 부정적으로 판단하는 것이 아닌 나와 생각이 다른 아이디어를 수용하고, 더 발전시켜 나가기 위한 능력으 로, 이 능력을 발달시키고자 할 때 공감 능력이 도움이 된다. 또한 창의성 훈련 기법 인 브레인스토밍의 기본 원칙인 판단 혹은 비판 금지의 원칙을 통해서도 공감의 중요 성을 알 수 있다. 어떤 생각(아이디어)에 대한 판단이나 비판은 사고의 확산을 저해하 며, 더 좋은 생각(아이디어)의 밑바탕이 될지도 모르는 생각(아이디어)조차 성급하게 폐기할 수 있기 때문이다.

Torrance(1972)는 창의적 인간의 특성을 84개로 나열하였는데, 이 중에서 '강한 감 동' '외부 자극에 대한 수용' '타인의 아이디어 수용' 그리고 '연민의 정'과 같은 공감 특 성을 주장하였다. 물론 Sternberg(1988)는 창의적인 사람 중에는 타인에 대해 정서적 표현과 공감을 잘하는 면이 있음을 밝히는 동시에 어떤 경우에는 친구가 없거나 대인 관계에 있어 불편감으로 인해 회피하는 것으로 보이는 이들도 있다고 하였다. 이러 한 모순적인 현상은 '역할 바꾸기'를 통해 공감 능력과 창의성의 관계를 설명할 수 있 다. 다시 말해, 자신이 타인의 역할이 되어 봄으로 인해 타인의 생각이나 감정을 인식 하는 독특한 경험을 할 수 있는데, 이 과정을 Rothenberg와 Hogan(2006)은 '동공간적 과정(homospatial process)'라고 설명하였다. 즉, 서로 다른 것들이 같은 공간에서의 결합을 통해 새롭게 탄생한다는 것이다. 이렇듯 창의성과 공감이라는 요인들이 동공 간적 과정 안에서 충족될 때, '공감적 창의성'이 탄생하는 것이다(하주현, 박은희, 2016; Yaniv, 2011).

한편, 협동학습을 중요시하는 최근 교육 현장의 분위기를 반영하듯이, 창의성 분야에서도 집단 창의성의 중요성이 점차 증가하고 있다. 집단 창의성(group creativity)이란 자기정체성을 공유한 어떤 집단이 공동의 목표 달성을 위하여 유용할 것으로 기대되는 아이디어를 상호 협력과정을 통하여 계발하고 표현하는 과정을 말한다(Paulus & Nijstad, 2003). 이러한 집단 창의성은 시대가 복잡해지고 다양한 문제에 직면하면서 다양한 사람들이 함께 협력하여 문제를 해결하는 과정 안에서 자연스럽게 나타나고 있다. 이때 집단 창의성을 발휘하기 위해서는 나만의 생각에 사로잡혀 고집하기보다는 다른 사람의 생각과 감정을 있는 그대로 인정하고 수용할 수 있는 공감 능력이 필요하다. 즉, 타인의 감정과 상황에 따른 인지·정서적 반응인 공감을 통하여 창의적 사고 과정에서 각 구성원은 함께 해결해야 할 문제 상황과 그와 관련된 사람들에 대해 공감하고, 협력 과정을 통해 구성원들 사이의 공감을 경험하게 되는 것이다(우영진, 윤지현, 강성주, 2018).

이러한 집단 창의성 능력에 대한 공감 능력의 필요성은 MIT 연구팀에서 실시한 집단 지성 지수 측정에 관한 연구를 통해서도 알 수 있다(전종희, 2012). MIT 연구팀에서는 699명이 각 2명에서 5명으로 구성된 집단 참여 연구에서 다양한 종류의 과제를 제시하였다. 이 연구에서는 집단의 수행을 설명하는 일반 집단 지성 요인의 증거를 제시함으로써 특정 과제에 관한 팀의 수행이 다른 과제들에도 일반화되는지가 주요 관심사였다. 즉, 이 연구를 통해 연구자들은 협력 과제를 어떻게 수행할지를 예측하는 집단 지성을 가지고 있다는 것을 확인하였으며, 이러한 집단 지성 지수인 'c factor'를 산출할 수 있었다. 이 'c factor'는 구성원들의 사회 민감성 평균, 돌아가며 대화하기와 상관이 있음을 밝혔다. 이러한 집단 지성의 속성들은 공감 능력의 그것과 유사함을 알 수 있다.

활동 6-5 **역지사지 코멘트**

활동목표	창작한 공익광고에 대해 팀별로 논평하는 역지사지 코멘트 활동을 통해 공감 능력의 힘을 경험한다.

반려견 키우는 인구 1,500만 명 시대
쓰레기통에 버려지는 비닐
배변봉투 해결방안은?

사람과 함께 공존하는
비둘기는 해로운 새
먹이를 주지 말라는데……

진행절차

1. 주어진 시간 내에 '공익광고 포스터'를 제작한다.

2. 각 팀이 제작한 '공익광고 포스터'에 대해 서로 논평한다.

3. 제작한 '공익광고 포스터'에 대해 서로 논평한 코멘트를 비교하면서 어떤 느낌이었는지 이야기를 나눈다.

활동안내

1. 3명 또는 4명 등 적정한 인원으로 팀을 나눈다.

2. 팀별로 주어진 시간 내에 공익광고 포스터를 제작한다.

3. 각 팀별로 어떤 의도로 제작한 공익광고 포스터인지 발표하면서 우수한 점과 미흡한 점을 노란색 포스트 잇에 기록한 후 코멘트한다.

4. 다른 팀이 자신이 제작한 공익광고 포스터의 우수한 점과 미흡한 점을 초록색 포스트잇에 기록한 후 코멘트한다.

5. 노란색과 초록색 포스트잇을 자신의 팀이 제작한 공익광고 포스터 아래에 붙인 후 서로 비교하면서 자신의 팀이 제작한 공익광고 포스터에 대해 다른 팀이 코멘트할 때 어떤 느낌이 들었는지 이야기를 나눈다.

6. 타인의 작품에 대해 논평할 때 어떻게 하는 것이 바람직한지 경험하는 '역지사지 코멘트' 활동을 통해 공감 능력이 주는 힘에 대해 생각해 본다.

역지사지 코멘트 활동하기

[A팀의 공익광고 포스터]

[B팀의 공익광고 포스터]

우리 팀(A)이 코멘트한 우수한 점

우리 팀(B)이 코멘트한 우수한 점

우리 팀(A)이 코멘트한 우수한 점

우리 팀(B)이 코멘트한 우수한 점

우리 팀(A)이 코멘트한 우수한 점

우리 팀(B)이 코멘트한 우수한 점

우리 팀(A)이 코멘트한 우수한 점

우리 팀(B)이 코멘트한 우수한 점

참고문헌

강은진(2010). 20대 때 알았다면 좋았을 삶의 지혜-험난한 세상에서 내 자리 다지기 속성과정. 계명대학교 통번역대학원 석사학위논문.

고미숙(2016). 대학생의 인지적 정서조절과 회복탄력성에 따른 스트레스, 우울 및 자살 생각의 차이. 인지발달중재학회지, 7(3), 69-86.

김경미(2008). 친구가 되고 싶어. 키드니드영유아교육연구소.

김상수, 박인, 정범구(2019). 비인격적 감독이 창의성에 미치는 영향: 조직 냉소주의의 매개효과와 회복탄력성의 조절효과를 중심으로. 경영경제연구, 41(3), 87-116.

김선연(2019). 디자인 씽킹에 기반한 집단 창의성 사고과정 모형 개발. 교육공학연구, 35(3), 621-653.

김영채(1999). 창의적 문제해결. 교육과학사.

김영채(2007). 창의력의 이론과 개발. 교육과학사.

김영채(2013). CPS 창의프로그램과 창의적 문제해결. 유원북스.

김영채(2019). 창의력: 잠재능력의 이론과 교육. 윤성사.

김영채, 정세영, 정혜인(2021). CPS 창의적 문제해결. 박영사.

김유빈, 이재환, 박소영(2017). Design thinking과 CPS에 기반한 아동 창의교육모형 연구. 산업디자인학연구, 11(1), 103-112.

김정연(2021). 인공지능(AI)시대 인재 육성을 위한 공감 및 문화적 역량과 창의융합역량과의 관계. 영재와 영재교육, 20(3), 103-124.

김정연, 태진미(2018). 캡스톤 디자인 수업에 대한 비공학 및 공학계열 대학생의 학습경험과 학습성과 인식 차이. 통합교육과정연구, 12(1), 109-138.

김주환(2011). 회복탄력성: 시련을 행운으로 바꾸는 유쾌한 비밀. 위즈덤하우스.

김진혁(2019). [김진혁의 시사 인문학 365일] 12월 11일 인문학의 힘, 파이낸셜 리뷰, Updated: December 11, 2019, Retrieved May 11, 2023http://www.financialreview.co.kr/news/articleView.html?idxno=17764.

김창완, 김화경, 이용우(2020). 액션러닝과 디자인씽킹으로 캡스톤 디자인 수업하기. 빛을 여는 책방.

김청자(2006). 자기결정성 동기유형과 창의적 인성 요인과의 관계 연구. 교육과학연구, 37(3), 237-256.

문재호, 신진우(2020). 문제 해결 능력 향상을 위한 디자인 씽킹 수업 모형 연구-감정을 활용한 기초 조형 디자인 사례. 기초조형학연구, 21(1), 173-184.

문창현, 고자경, 김영채(1992). CoRT 1: De Bono의 측면적 사고개발 프로그램. 사고개발연구, 2(2), 33-60.

박숙희(2000). 창의성의 측정. 창의력교육연구, 3(1), 79-102.

서혜인(2020). 디자인 씽킹(Design Thinking)을 적용한 미술수업이 청소년의 창의적 문제해결력에 미치는 효과: 고등학교 1, 2학년을 중심으로. 이화여자대학교 교육대학원 석사학위논문.

송태란, 이정현(2019). 문제 해결력을 키우는 디자인 씽킹. 한빛아카데미.

신동선(2014). 작심. 북하우스 퍼블리셔스.

안동근, 권유선, 이희현, 표정민(2018). Bifactor 구조모형으로 검증한 창의성의 일반성과 영역특수성, 그리고 창의적 마인드셋과의 관계. 창의력교육연구, 18(1), 23-38.

양옥경(2022). 공감의 힘. 나남.

우영진, 박병주, 이현진, 최미숙(2018). 공감하고 생각하고 실행하라! 생각혁신 프로젝트 디자인씽킹 수업. 시공미디어.

우영진, 윤지현, 강성주(2018). 공감 중심 디자인적 사고 프로그램 적용을 통한 초등 과학영재학생의 집단 창의성 함양 연구. 영재교육연구, 28(2), 259-283.

유경훈(2009). 내·외재 동기, 자기결정성 동기가 창의적 성향에 미치는 영향. 창의력교육연구, 9(2), 69-88.

유경훈, 김청자(2008). 아동의 창의성에 대한 환경적·인지적·동기적 변인들의 효과. 영재와 영재교육, 7(1), 47-71.

윤갑정(2019). 디자인씽킹을 활용한 놀이지도 수업에서 예비보육교사의 공감능력 향상 효과. 열린유아교육연구, 24(3), 1-24.

이경화, 김은경, 고진영, 박춘성(2011). 대학생용 학습역량 검사(LCT-CMB) 개발 및 타당화. 교육심리연구, 25(4), 791-809.

이동원(2000). 창의성교육의 실천적 접근. 교육과학사.

이명호, 정의철, 박선하, 김은정(2014). Human Centered Design Toolkit(IDEO.org). Mysc.

이선영, 윤지현, 강성주(2018). 초등학생들의 집단 창의성 개발 전략으로서 디자인 씽킹 기반 문제 해결 프로그램의 가능성 탐색. 학습자중심교과교육연구, 18(11), 525-554.

이시훈, 류진한(2014). 광고홍보학 캡스톤 디자인. 계명대학교 출판부.

이유태(2017). 캡스톤 디자인 Workbook 현장실습형 문제해결. 시그마프레스.

이종만(2020). 디자인씽킹에 기반한 「교과 논리 및 논술」 수업 사례연구. 학습자중심 교과교육연구, 20(13), 647-673.

이지혜(2021). 디자인 씽킹 기반 통합 단원 설계와 초등학생 핵심역량 신장에 미치는 효과. 경남대학교 대학원 박사학위논문.

이화선, 최인수(2014). 대학교양교육에서의 창의성 교육의 방향. 창의력교육연구, 14(2), 1-17.

임효진(2017). 그릿(Grit)과 창의적 성향, 창의적 사고의 구조적 관계. 사고개발, 13(2), 45-65.

조성환, 김경묵(2017). https://dbr.donga.com/article/view/1206/article_no/8396/ac/magazine. 동아비즈니스리뷰, DBR 237호(2017년 11월 Issue 2)

전경원(2006). 창의성 교육의 이론과 실제. 창지사.

전명남(2012). 상상과 창의성의 개발–상상공학과 창의공학. 대구한의대학교 출판부.

전명남, 권대훈, 박혜숙(2010). 창의적 문제해결력 교수학습 자료: 기초, 심화. 한국교육개발원.

전명남, 박상범(2012). 창의적 문제해결 관련 교사 효능감 척도 개발 및 타당화. 대구한의대학교 학생생활연구, 17, 61-83.

전명남, 이병환(2015). 미래문제해결프로그램(FPSP) 팀 문제해결을 적용한 대학수업에서 개인 창의성, 팀 공유정신모형의 팀 창의성 및 팀 효과성과의 관계. 교육문화연구, 21(5), 115-144.

전서영(2020). 디자인씽킹을 적용한 IC–PBL 디자인대학 수업 개발 및 효과성 검증. 한양대학교 대학원 박사학위논문.

전종희(2012). 공과대학 대학원에서의 집단지성(Collective Intelligence) 속성 및 조건 탐색. 서울대학교 박사학위논문.

정미라(2016). 시간압박과 인지적종결욕구가 창의적문제해결 과제수행에 미치는 영향. 서울대학교 대학원 석사학위논문.

정미선, 정세영(2010). 연령에 따른 창의적 사고와 창의적 성격의 발달경향. 사고개발, 6(1), 69-88.

정병익(2019). 4차 산업혁명 시대, 디자인 싱킹이 답이다. 학현사.

정은이(2019). 대학생의 그릿과 낙관성이 진로 적응성에 미치는 영향에 있어서 일상적 창의성의 매개효과. 창의력교육연구, 19(2), 23-48.

조규판, 주희진, 양수민(2019). 교육심리학(2판). 학지사.

조성환, 김경묵(2017). 동아비즈니스리뷰, DBR 237호(2017년 11월 Issue 2)

조연순, 백은주, 최규리(2019). 지혜와 창의적 문제 해결력을 위한 창의성 교육. 이화여자대학교 출판문화원.

조연순, 성진숙, 이혜주(2008). 창의성 교육–창의적 문제해결력 계발과 교육 방법. 이화여자대학교출판부.

최재수, 오주원(2018). Carol S. Dweck의 마인드셋(Mindset) 관련 선행 연구에 대한 고찰. 예술인문사회융합멀티미디어논문지, 8(12), 139-147.

하주현, 박은희(2016). 공감, 판단의 독자성, 창의적 인성의 관계. **창의력교육연구**, 16(4), 91-102.

한광택(2018). 4차 산업혁명과 인문학 교육의 미래. 비평과 이론, 23(1), 37-59.

한국과학창의재단(2020). **2019 창의교육 거점센터 운영사업-디자인 싱킹(Design Thinking)을 활용한 창의교육 프로그램 교수법 개발**. 경남대학교 창의교육 거점센터.

홍윤기(2008). 창의성과 통합인문학 구상: 창의성의 누진적 순환계를 중심으로. 사회와 철학, 15, 239-322.

Ansoff, H. I. (1965). *Corporate strategy: An analytical approach to business policy for growth and expansion*, McGraw-Hill.

Arnold, J.E. (2016) [1959]. Creative Engineering: Promoting Innovation by Thinking Differently. Edited With an Introduction and Biographical Essay by William J. Clancey. Stanford Digital Repository. Retrieved September 23, 2018.

Bear, J. (2010). Lectures may be more effective than you think: The learnng pyramid unmasked. *International Journal of Creativity & Problem Solving*, 20(1), 15-28.

Berheide, C. W. (2007). Doing less work, collecting better data: Using capstone courses to assess learning, *Peer Review, 9*, 27-30.

Boone, B. K. (1999). Neuropsychological assessment of executive function. In B. L. Miller, & J. L. Cummings (Eds.), *The human frontal lobes: Functions and disorders* (pp. 247-260). Guilford.

Brown, T. (2008). Design thinking: A design thinker's personality profile. *Harvard Business Review. 86*(6), 84-92.

Brown, T., & Katz, B. (2009). *Change by design: Harper Business*. [디자인에 집중하라]. 고성연 옮김(2010). 김영사.

Covington, M. V., & Dray, E. (2002). The developmental course of achievement motivation: A need-based approach. In A. Wigfield, & J. S. Eccles (Eds.), *Development of achievement motivation*(pp. 33-56). San Diego, CA: Academic Press.

Csikszentmihalyi, M. (2013). *Creativity: The Psychology of Discovery and Invention*. Harper Perennial.

Davis, M. H.(1980). A multidimensional approach to individual differences in empathy. *JSAS Catalog of Selected Documents in Psychology, 10* (85), 1-19.

de Bono, E.(1971). *Lateral thinking: Creativity step by step*. Harper & Row.

de Bono, E. (1985). *Six Thinking Hats. Little*. Brown and Company.

de Bono, E. (1986). *CoRT thinking: Teacher's notes*. Pergamon Press.

Dewey, J. (1938). Experience and Education, LW13: 1-62.

Dewey, J. (1938). Logic: The Theory of Inquiry, LW12.

Douglas V. Gallagher, & Roland A. L. Rorrer (2011). Incorporation of Manufacturing Process Design into the Senior Capstone Design Course. Proceedings of the ASME 2011 International Mechanical Engineering Congress & Exposition IMECE 2011, 1-7.

Duckworth, A. (2016). *Grit: The power of passion and perseverance*. [Grit: IQ, 재능, 환경을 뛰어넘는 열정적 끈기의 힘]. 김미정 옮김(2016). 비즈니스북스.

Duckworth, A., Peterson, c., Matthews, M., & Kelly, D. (2007). Grit: Perseverance and Passion for Long-Term Goals. *Journal of Personality and Social Psychology, 92*(6). 1087-1101.

Duplicated with permission from the websites: www.cpsb.com and www.creativelearning. com

Dweck, C. S. S. (2007). *Mindset: The new psychology of success*. [마인드셋 개정판]. 김준수 옮김(2023). 스몰빅라이프.

Dweck, C. S. S. (2009). Mindsets: developing talent through a growth mindset. *Olympic Coach, 21*, 4-7.

Eberle, B. (2006). *SCAMPER: Creative games and activities for imagination development*. Prufrock Press.

Eberle, R. F. (1971). *Scamper: Games for imagination development*. D.O.K. Publishers.

Gazelle, G. (2020). *Everyday resilience: A practical guide of build inner strength and weather life's challenges*, [하버드 회복탄력성 수업]. 손현선 옮김(2021). 현대지성.

Getzels, J. W. (1987). *Creativity, intelligence, and problem finding: Retrospect and prospect. In S. G. Isaksen* (Ed.), Frontiers of creative ity research: Beyond the basics (pp. 88-102). Buffalo, NY: Bearly Limited.

Graham, L. (2014). *Resilience: Powerful practices for bouncing back from disappointment, difficulty, and even disaster*. [내가 나를 어떻게 도울 수 있을까]. 윤서인 옮김(2014). 불광출판사.

Goleman, D. (2018). *How to live & work 2* [공감: 가슴으로 함께 일하는 법]. 민지현 옮김 (2018). 21세기북스.

Gollinkoff, R. & Hirsh-Pasek, K. (2016). *Becoming Brilliant*. [최고의 교육]. 김선아 옮김 (2018). 예문아카이브.

Guilford, J. P. (1950). Creativity. *American Psychologist, 5*, 444-454.

Guilford, J. P. (1967). *The Nature of Human Intelligence*. McGraw-Hill Book Co.

Hauhart, R. C., & Grahe, J. E. (2010). 'The undergraduate cpastone course in the social sciences: Results from a regional survey' *Teaching Sociology, 38*(1) 4-17.

Hester, M. B., & McKim, R. H. (1973). Experiences in visual thinking. *The Journal of Aesthetics and Art Criticism.* http://doi.org/10.2307/429057

IDEO. (2009). Human-centered design toolkit, Consulted December 5, 2013. http://www.ideo.com

IDEO. (2012). Design thinking for educators. Consulted December 5, 2013. http://designthinkingforeducators.com

IDEO. (2014). Design Thinking Toolkit for Educator. [IDEO 인간중심 디자인툴킷]. 이명호, 정의철, 박선하, 김은적 옮김(2014). 에딧더월드(원판 2011).

IDEO. (2018). The Field Guide to Human-Centered Design. [디자인씽킹 가이드북: IDEO 인간중심 디자인]. 김정태, 이예지, 강리나, 조수연, 김태용 옮김(2018). 엠와이소셜컴퍼니.

Isaksen, S. G., & Dorval, K. B. (1993). Changing views of CPS: Over 40 years of continuous improvement. *International Creativity Network, 3,* 1-5.

Isaksen, S. G., & Treffinger, D. J. (1985). *Creative problem solving: The basic course.* Bearly Limited.

Isaksen, S. G., & Treffinger, D. J. (1987). *Creative problem solving: Three components and six specific stages. Instructional handout.* Center for Studies in Creativity.

Isaksen, S. G., & Treffinger, D. J. (1991). Creative learning and problem solving. In A. L. Costa (Ed.). *Developing minds: Programs for teaching thinking* (Volume 2, pp. 89-93). Association for Supervision and Curriculum Development.

Isaksen, S. G. (1989). *Creative problem solving: A process for creativity.* Center for Studies in Creativity.

Isaksen, S. G., Dorval, K. B., & Treffinger, D. J. (1994). *Creative approaches to problem solving.* Kendall/Hunt.

Isaksen, S. G., Dorval, K. B., & Treffinger, D. J. (1998). *Toolbox for Creative Problem Solving: Basic Tools and Resources.* Creative Problem Solving Group-Buffalo.

Isaksen, S., & Treffinger, D. J. (2004). Celebrating 50 years of reflective practice: Versions of creative problem solving. *Journal of Creative Behavior, 38*(2), 75-101.

Isaksen, S.G., Dorval, K. B., & Treffinger, D. J. (2000). *Creative approaches to problem solving: A framework for change* (2nd ed.). Kendall/Hunt.

Isaksen, S.G., Dorval, K. B., & Treffinger, D. J.(2011). *Creative approaches to problem solving: A framework for change* (3rd ed.). Sage Publications.

James L. Wardrop, William L. Goodwin, Herbert J. Klausmeier, Robert M. Olton, Martin V. Covington, Richard S. Crutchfield, & Teckla Ronda(1969).The Development of

Productive Thinking Skills in Fifth-Grade Children. *The Journal of Experimental Education*(37), 67-77.

Kolb, D. (1984). *Experiential Learning: Experiences as the Source of Learning and Development*, Prentice-Hall.

Lawson, B. R. (1979). Cognitive strategies in architectural design. *Ergonomics, 22*(1), 59-68.

Liedtka J., & Ogilvie T. (2011). *Designing for growth*. [디자인씽킹, 경영을 바꾸다]. 김현숙, 봉현철 옮김(2016). 초록비공방.

Lugmayr, A., Stockleben, B., Zou, Y., et al.(2014). Applying "design thinking" in the context of media management education. *Multimedia Tools and Applications, 71*(1), 119-157.

Martin, R. L. (2009). *The design of business*. [디자인 씽킹]. 이건식 옮김(2010). 웅진씽크빅.

Martin, R. L. (2009). *Design Thinking*. [디자인 씽킹]. 이건식 옮김(2010). 김영사.

McCormick, R. (2002). Capability lost and found?. *Teaching Design and Technology in Secondary Schools: A Reader, 92*.

McKenzie, L. J., Trevisan, M. S., Davis, D. C., & Beyerlein, S. W. (2004), "Capstone design courses and assessment: a national study". Proceedings of the 2004 American Society of Engineering Education Annual Conference & Exposition.

Meadows, M. (2015). *Grit: How to keep going when you want to give up* [그릿을 키워라]. 정종진 옮김(2019). 학지사.

Metzl, E. S., & Morrell, M. A. (2008). The role of creativity in models of resilience: theoretical exploration and practical applications. *J. Creat. Ment. Health. 3*, 303-318.

Noller, R. B., Parnes, S. J., & Biondi, A. M. (1976). *Creative actionbook*. Scribners.

Og Mandino (1983). *The Greatest Salesman in the World*. [위대한 상인의 비밀]. 홍성태 옮김(1985). 월요일의 꿈.

Osborn, A. F. (1952). *How to become more creative: 101 rewarding ways to develop potential talent*. Scribners.

Osborn, A. F. (1953, 1957, 1963, 1967). *Applied imagination: Principles and procedures of creative problem solving*. Charles Scribner's Sons.

Parnes J. S., & Harding, H. F. (1962). *Creative Behavior Guidebook*. Creative Education Foundation Press.

Parnes, S. J. (1966). *Manual for institutes and programs*. Creative Education Foundation.

Parnes, S. J. (1967). *Creative behavior workbook*. Scribners.

Parnes, S. J. (1988). *Visionizing*. Creative Education Foundation Press.

Parnes, S. J., Noller, R. B., & Biondi, A. M. (1977). *Guide to creative action*. Scribners.

Paulus, P. B., & Nijstad, B. A. (Eds.) (2003). *Group creativity: Innovation through collaboration*. Oxford University Press.

Reeve, J. (2011). *Understanding Motivation and Emotion*. [동기와 정서의 이해]. 김아영 옮김 (2018). 박학사.

Rogers, C. R. (1959). A Theory of Therapy, Personality, and Interpersonal Relationships: As Developed in the Client-Centered Framework. In S. Koch (Ed.), *Psychology: A Study of a Science. Formulations of the Person and the Social Context, 3*, 184-256. McGraw Hill.

Rothenberg, M., & Hogan, S. (2006) The Eosinophil. *Annual Review of Immunology, 24*, 147-174.

Rowe P., G. (1987). *Design thinking*. MIT Press.

Ryan, L., & Caltabiano, M. (2009). Development of a new resilience scale: the resilience in midlife scale. *Asian Social Science, 5*(11), 39-51.

Ryan, R. M., & Deci, E. L. (2000). Self-determination theory and the facilitation of intrinsic motivation, social development, and well-being. *American Psychologist, 55*(1), 68-78.

Starko, A. J. (1995). *Creativity in the classroom: Schools of curious delight*. Longman.

Sternberg, R. J. (1988). *The nature of creativity: Contemporary psychological perspectives*. CUP Archive.

Tatarkiewicz, W. (1980) *A History of SixIdeas: an Essay in Aesthetics*. PWN/PolishScientific Publishers, Warszawa.

TechTarget (2023). *synectics*. https://www.techtarget.com/whatis/definition/synectics

Teresa M. Amabile (1992). *Growing up creative: Nurturing a lifetime of creativity*. [창의성과 동기유발]. 전경원 옮김(2000). 창지사.

Torrance, E. P. (1974). *The Torrance Test of Creative Thinking: Norms and technical manual*. Scholastic Testing Service, Inc.

Torrance, E. P. (1972). Can we teach children to think creatively?. *The Journal of Creative Behavior, 6*, 114-143.

Treffinger, D. J., & Isaksen, S. G. (1992). *Creative problem solving: An introduction*. Center for Creative Learning.

Treffinger, D. J. (1980). The progress and peril of identifying creative talent among gifted and talented students. *The Journal of Creative Behavior, 14*(1), 20-34.

Treffinger, D. J., Isaksen, S. G., & Dorval, K. B. (2000). *Creative problem solving: An introduction* (3rd ed.). Prufrock Press.

Treffinger, D. J., Isaksen, S. G., & Dorval, K. B. (1994). *Creative problem solving: An introduction* (Revised edition). Center for Creative Learning.

Treffinger, D. J., Isaksen, S. G., & Dorval, K. B. (2000). *Creative problem solving: An introduction* (Third edition). Prufrock Press.

Treffinger, D. J., Isaksen, S. G., & Dorval, K. B. (2006). *Creative problem solving: An introduction* (4th Ed.). Prufrock Press.

Treffinger, D. J., Isaksen, S. G., & Firestien, R. L. (1982). *Handbook for creative learning.* Center for Creative Learning.

Tugade, M. M., & Fredrickson, B. L. (2004). Resilient Individuals Use Positive Emotions to Bounce Back from Negative Emotional Experiences, *Journal of Personality and Social Psychology*, *86*(2), 320-333.

Waters, E., & Sroufe, L. A. (1983). Social competence as a developmental construct. *Developmental Review*, *3*(1), 79-97.

Wegenaar, T. C. (1993). The Capstone Course. *Teaching Sociology*, *21*, 209-214.

Yaniv, D. (2011). Revisiting Morenian Psychodramatic encounter in light of contemporary neuroscience: Relationship between empathy and creativity. *The Arts in Psychotherapy*, *38*, 52-58.

Zaki, J. (2020). *The war for kindness: Building empathy in a fractured world*. [공감은 지능이다.] 정지인 옮김(2021). 심심.

佐藤智惠(2014). 世界のエリートの「失敗力」彼らが(最惡の經驗)から得たものとは [세계 최고의 인재들은 실패에서 무엇을 배울까]. 김정환 옮김(2014). 21세기북스.

[웹 사이트]

윤영주 기자(2021년 3월 9일). AI 타임스. '이세돌 vs 알파고' 세기의 대결 이후 5년… AI 어디까지 왔나. https://www.aitimes.com/news/articleView.html?idxno=137183

챗GPT: https://chat.openai.com/

빙챗: http://www.Bing.com/

구글 바드: https://bard.google.com/

창의교육의 실제적 방법: https://www.eduinnews.co.kr/

한국창의교육연구소: http://creative.re.kr/

경남대학교 WISE Linc 3.0. 2023학년도 1학기 캡스톤 디자인 학생 오리엔테이션 https://linc.kyungnam.ac.kr/bbs/board.php?bo_table=05_01&wr_id=577&sca=%EC%BA%A1%EC%8A%A4%ED%86%A4%EB%94%94%EC%9E%90%EC%9D%B8

계명대학교 2022학년도 1학기 캡스톤 디자인 작품발표회 https://linc.kmu.ac.kr/content/03capstone/02_01.php?proc_type=view&a_num=9414037&b_num=25&rtn_url=%2Fcontent%2F03capstone%2F02_01.php

매경이코노미(2023). K-전기차 경쟁력 SWOT 분석. https://news.nate.com/view/20230421n32500

대한민국 정책브리핑(2021). https://www.korea.kr/special/policyCurationView.
do?newsId=148868542#L1

교육블로그. 미래를 위한 교육이야기: 교육 칼럼 시리즈. https://naver.me/5IF7EoYg

교육부 블로그. 엄마아빠를 위한 교육 이야기: 교육 칼럼 시리즈. https://naver.me/56IcjqWm

한경국립대학교 GOOD 교과목인증제 가이드북. https://www.hknu.ac.kr/eduinvt/10473/
subview.do?enc=Zm5jdDF8QEB8JTJGYmJzJTJGZWR1aW52dCUyRjIwMjglMkYzMjE4
OSUyRmFydGNsVmlldy5kbyUzRnBhZ2UlM0QxJTI2c3JjaENvbHVtbiUzRCUyNnNyY2
hXcmQlM0QlMjZiYnNDbFNlcSUzRCUyNmJic09wZW5XcmRTZXElM0QlMjZyZ3NCZ2
5kZVN0ciUzRCUyNnJnc0VuZGRlU3RyJTNEJTI2aXNNaWV3TWluZSUzRGZhbHNlJTI
2cGFzc3dvcmQlM0QlMjY%3D

https://www.youtube.com/watch?v=pwogEhOFzkU (2023. 05. 29. 인출)

https://extreme.stanford.edu/projects/embrace/ (2023. 05. 29. 인출)

https://www.youtube.com/watch?v=pwogEhOFzkU (2023. 05. 29. 인출)

https://hpi-academy.de/en/design-thinking/what-is-design-thinking.html(2022.10.28.
인출)

https://www.behance.net/gallery/7955999/Evolution-6-Design-Thinking-Model (2022.
10. 28. 인출)

https://www.letr.ai/blog/story-20211126-3 (2023. 05. 29. 인출)

https://www.creativityatwork.com https://www.dmi.org/page/2015DVIandOTW (2022.
10. 28. 인출)

https://static1.squarespace.com/static/57c6b79629687fde090a0fdd/t/5cb7a0d2a4222f91d39
d17ca/1555538131284/dschool_ProcessHexDiagram_Tool_Behaviors_final_2019.png
(2023. 05. 29. 인출)

https://productcoalition.com (2022. 10. 28. 인출)

https://techcrunch.com/2010/05/31/pulse-ipad/(2023. 05. 29. 인출)

https://dbr.donga.com/article/view/1206/article_no/8396/ac/magazine

https://productcoalition.com

찾아보기

내용

저자 소개

전명남	대구한의대학교 교수	mjun@dhu.ac.kr
조현철	군산대학교 교수	seekingj@kunsan.ac.kr
이미순	대구대학교 교수	uconn2009@daegu.ac.kr
박경희	경남대학교 교수	khpark@kyungnam.ac.kr
정세영	계명대학교 교수	jsy30@kmu.ac.kr
정혜인	서울사이버대학교 교수	plymind@plymind.com
김경미	동부산대학교 교수	hbin602@naver.com
유계환	광주교육대학교 교수	espero33@naver.com
나지연	영진전문대학교 교수	najiyy@naver.com
권창미	안동과학대학교 교수	izoamiya@naver.com
송창백	가톨릭상지대학교 교수	edusongc@gmail.com

대학생을 위한
창의적 문제해결력
Creative problem solving skills

2024년   1월 10일 1판 1쇄 인쇄
2024년   1월 15일 1판 1쇄 발행

지은이 • 전명남 · 조현철 · 이미순 · 박경희 · 정세영 · 정혜인
            김경미 · 유계환 · 나지연 · 권창미 · 송창백
펴낸이 • 김진환
펴낸곳 • ㈜ 학지사
            04031 서울특별시 마포구 양화로 15길 20 마인드월드빌딩
대표전화 • 02-330-5114   팩스 • 02-324-2345
등록번호 • 제313-2006-000265호

홈페이지 • http://www.hakjisa.co.kr
인스타그램 • https://www.instagram.com/hakjisabook

ISBN 978-89-997-3036-8 93180

정가 18,000원

출판미디어기업 **학지사**
간호보건의학출판 **학지사메디컬** www.hakjisamd.co.kr
심리검사연구소 **인싸이트** www.inpsyt.co.kr
학술논문서비스 **뉴논문** www.newnonmun.com
교육연수원 **카운피아** www.counpia.com